财务工作与预算管理一体化实践研究

苏素红 杨戬 陈斐 ◎著

中国书籍出版社
China Book Press

图书在版编目（CIP）数据

财务工作与预算管理一体化实践研究 / 苏素红, 杨戬, 陈斐著. -- 北京：中国书籍出版社, 2024. 8.
ISBN 978-7-5068-9998-7

Ⅰ. F810.3

中国国家版本馆 CIP 数据核字第 2024WF4015 号

财务工作与预算管理一体化实践研究
苏素红　杨戬　陈斐　著

图书策划	邹　浩
责任编辑	毕　磊
责任印制	孙马飞　马　芝
封面设计	博建时代
出版发行	中国书籍出版社
地　　址	北京市丰台区三路居路 97 号（邮编：100073）
电　　话	（010）52257143（总编室）　（010）52257140（发行部）
电子邮箱	eo@chinabp.com.cn
经　　销	全国新华书店
印　　厂	晟德(天津)印刷有限公司
开　　本	710毫米×1000毫米　1/16
印　　张	12.25
字　　数	214千字
版　　次	2025 年 1 月第 1 版
印　　次	2025 年 1 月第 1 次印刷
书　　号	ISBN 978-7-5068-9998-7
定　　价	78.00元

版权所有　翻印必究

前　言

随着全球经济一体化进程的加快，企业的财务管理和预算管理面临着前所未有的挑战和机遇。在信息技术迅猛发展的背景下，企业需要更高效、更精准的财务和预算管理手段，以应对复杂多变的市场环境。传统的财务管理和预算编制方式已经无法满足现代企业的需求，财务管理与预算管理的一体化成为新的发展方向。尤其在我国，随着经济体制改革的深入推进和企业治理结构的不断完善，财务管理与预算管理的一体化对于提升企业竞争力和实现可持续发展具有重要意义。

本研究旨在探讨财务工作与预算管理一体化的理论基础和实践应用，通过系统梳理财务管理和预算管理的各个环节，分析其在企业运营中的实际效果和存在的问题，为企业实现财务与预算管理一体化提供理论支持和实践指导。通过本研究可以帮助企业优化资源配置，提高财务决策的科学性和准确性，增强企业的整体管理水平和市场竞争力。具体来说，本研究将深入分析财务管理的基本原理、预算编制与执行的具体步骤，并结合实际案例探讨一体化管理模式在不同企业中的应用效果。此外，本研究还将通过数据分析和实地调研，揭示当前企业在实施财务与预算管理一体化过程中遇到的主要障碍和挑战，并提出针对性的解决方案。通过这些研究成果，不仅可以为企业提供切实可行的管理建议，还能够为政策制定者和学术研究者提供有价值的参考，推动我国财务管理与预算管理一体化的深入发展，提升整体财务管理水平，促进经济的可持续发展。

本研究的主要目的是通过对财务管理和预算管理一体化的全面分析，揭示其在企业实际应用中的优势和挑战，并提出切实可行的改进建议。具体来说研究将详细探讨财务管理的工作原理、预算编制与执行的流程、财务控制与财务分析的方法，分析预算管理一体化对会计核算、财政资金管理和国库集中支付的影响。此外研究还将关注预算管理一体化在提升企业财务透明度和管理效率方面的实际效果，并评估其对企业财务风险控制和战略决策支持的作用。最终通过对不同类型事业单位和高校的应用实践研究，提供具有实际操作性的管理模式和策略，为推动财务与预算管理一体化的广泛应用提供有力支持。同时研究也将探讨数字化技术在预算管理一体化中的应用前景，助力企业在信息化背景下实现财务管理的转型升级。

作者
2024 年 5 月

目 录

第一章 财务管理的工作原理 … 1

第一节 财务管理的含义及目标 … 1
第二节 财务管理的环节与原则 … 8
第三节 财务管理的环境分析 … 15
第四节 财务管理的基础观念 … 25

第二章 财务预算编制与执行工作 … 37

第一节 对预算的基本认识 … 37
第二节 预算编制的原则及内容 … 54
第三节 预算编制的一般流程 … 60
第四节 预算执行与调整分析 … 71

第三章 财务控制与财务分析工作 … 82

第一节 财务控制的概述 … 82
第二节 责任中心与内部转移价格 … 105
第三节 预算管理中的内部财务控制 … 109
第四节 财务分析的方法及内容 … 114

第四章　预算管理一体化及其影响分析 125

第一节　预算管理一体化的基本内容 125
第二节　预算管理一体化对会计核算的影响 128
第三节　预算管理一体化对财政资金管理的影响 132
第四节　预算管理一体化对国库集中支付的影响 137

第五章　预算管理一体化改革与创新思考 141

第一节　预算管理一体化改革的成效与问题 141
第二节　预算管理一体化改革的经验借鉴 145
第三节　预算管理一体化改革的政策建议 153
第四节　数字财政背景下预算管理一体化改革 157

第六章　预算管理一体化的应用实践研究 164

第一节　科研事业单位预算管理一体化 164
第二节　预算管理一体化下高校财务管理转型 167
第三节　预算管理一体化下财政国库监管实践 175
第四节　事业单位预算管理一体化平台实践 182

参考文献 188

第一章 财务管理的工作原理

第一节 财务管理的含义及目标

一、财务管理的含义

财务管理是现代企业管理中的重要组成部分，涉及企业的资金运作、财务决策、财务控制和财务分析等方面，旨在通过有效的财务管理手段，优化企业资源配置，实现企业价值最大化。随着市场经济的快速发展和全球化进程的推进，财务管理的重要性日益凸显，企业在激烈的市场竞争中，必须依靠科学的财务管理策略和手段，提升自身的竞争力和可持续发展能力。财务管理不仅仅是对资金流动的管理，更是对企业资源的统筹和优化配置，是企业实现战略目标的重要保障。

（一）财务管理的定义

财务管理是企业管理的一项核心职能，其定义可以从不同的角度进行阐述。从广义上讲，财务管理是指企业在生产经营过程中，为实现既定的经营目标，按照一定的原则和方法，对企业资金的筹集、运用、分配和管理等活动进行计划、组织、指挥、协调和控制的过程。财务管理的定义涵盖了资金的筹集、资金的运用、资金的分配和资金的管理等方面，是企业经营管理活动的重要组成部分。从狭义上讲，财务管理主要是指企业对资金的筹集和使用进行有效管理，通过科学的决策和控制，实现企业价值最大化。企业财务管理不仅包括日常的资金流动管理，如应收账款、应付账款和现金流管理，还涉及长期的财务规划和战略，如资本预算、融资决策和资本结构优化。企业在实际操作中，财务管理往往需要与企业的其他部门紧密合作，协调生产、市场和人力资源等各方面的资源，以实现企业的整体战略目标。财务管理的有效性直接影响到企业的生存和发展，企业只有通过科学的财务管理，才能在激烈的市场竞争中立于不败之地。

财务管理的定义不仅仅局限于企业内部，还需要考虑外部环境的变化，包括宏观经济环境、行业竞争态势、法律法规等外部因素的影响。随着信息技术的发展和市场环境的不断变化，财务管理的内容和方法也在不断更新和发展。现代财务管理更加注重数据分析和风险管理，通过大数据和信息化手段，企业可以更准确地预测市场趋势和风险，制定更加科学的财务策略。同时财务管理还需要具备前瞻性和灵活性，能够根据市场环境的变化及时调整财务策略，保持企业的竞争优势。

（二）财务管理的基本职能

财务管理的基本职能包括融资、投资、资本运营和利润分配等方面。融资是指企业为其生产经营活动筹集所需资金的过程，主要包括自有资金筹集和借入资金筹集；投资是指企业将筹集的资金投入到各种经营活动和项目中，以获取收益的过程；资本运营是指企业对其持有的各种资本进行运作和管理，以实现资本增值的过程；利润分配是指企业对其经营所得利润进行合理分配的过程。这些职能之间相互联系、相互作用，共同构成了企业财务管理的完整体系。通过有效的财务管理职能，企业可以实现资源的优化配置，提高经营效率和效益。融资作为财务管理的首要职能，决定了企业的资金来源和资本结构。企业可以通过股权融资、债务融资或内部积累等多种方式筹集资金。股权融资通过发行股票筹集资金，但导致股东权益的稀释；债务融资则通过借款或发行债券获得资金，但需要承担固定利息支付的压力。在融资决策过程中，企业需要权衡资本成本和风险，选择最优的融资方式。投资是企业将筹集到的资金用于生产经营活动和项目中的过程，投资决策直接关系到企业的盈利能力和发展前景。企业在进行投资决策时，需要考虑投资项目的回报率、风险和资金的时间价值，通过科学的投资组合管理，实现资金的最优配置。

资本运营是财务管理的核心职能之一，企业通过资本运作实现资本的增值和优化配置。资本运营涉及资本结构的调整、并购重组、资产管理和资本市场运作等方面。企业通过合理的资本结构管理，可以降低资本成本，提高资本收益率；通过并购重组，可以实现资源整合和业务扩展，增强企业的竞争力。利润分配是企业财务管理的最终职能，企业在实现利润后，需要对其进行合理分配，包括股东分红、再投资和债务偿还等。企业在利润分配过程中，需要平衡各方利益，确保企业的可持续发展和股东价值的最大化。

（三）财务管理的原则

财务管理的原则是企业在进行财务管理活动时应遵循的基本准则，主要包括：收益性原则、风险性原则、流动性原则和协调性原则。收益性原则是指企业在进行财务决策时，应以实现收益最大化为目标；风险性原则是指企业在追求收益的同时应充分考虑各种风险因素，并采取相应的措施进行防范和控制；流动性原则是指企业应保持一定的流动资产，以保证生产经营活动的正常进行；协调性原则是指企业在进行财务管理活动时，应统筹考虑各项财务活动之间的关系，实现财务资源的最优配置。这些原则为企业财务管理提供了科学的指导和依据，有助于企业在激烈的市场竞争中保持竞争优势。

收益性原则是财务管理的核心原则，企业在进行财务决策时，应以实现最大收益为目标。这要求企业在资源配置、投资决策和资本运作中，始终以收益为导向，选择最优的财务策略。企业在进行收益性决策时，需要考虑资本的成本、投资的回报率和资金的使用效率，通过科学的收益性分析，确保企业的财务决策能够带来最大的经济效益。风险性原则要求企业在追求收益的同时充分考虑面临的各种风险因素。风险因素包括市场风险、信用风险、操作风险和法律风险等，企业需要通过风险识别、风险评估和风险控制等措施，有效防范和化解风险，确保企业的财务安全和稳定。

流动性原则强调企业应保持适当的流动资产，以应对日常经营活动中的资金需求。企业在资金管理过程中，应合理配置流动资产和固定资产的比例，确保企业具备足够的支付能力和应急能力。流动性管理的目标是实现流动性和收益性的平衡，通过科学的现金流管理，企业可以有效避免资金链断裂的风险。协调性原则要求企业在进行财务管理活动时，应统筹考虑各项财务活动之间的关系，实现财务资源的最优配置。财务管理活动包括融资、投资、资本运作和利润分配等各个环节，这些环节之间相互关联，企业在进行财务决策时，需要综合考虑各项财务活动的协同效应，实现企业整体利益的最大化。

（四）财务管理的内容

财务管理的内容主要包括资金筹集管理、资金运用管理、资本结构管理和利润分配管理等方面。资金筹集管理是指企业通过多种渠道和方式，筹集生产经营所需的资金，并对其进行有效管理；资金运用管理是指企业将筹集到的资金投入到各种经营活动中，并对其使用效果进行评估和监控；资本结构管理是指企业对其负债和权益资本的比例进行合理配置，以实现资本成本的最小化和资本收益的最大化；利润分配管理是指企业在实现利润后，对其进行合理分配，包括股东分红、再投资和债务偿还等。这些内容构成了企业财务管理的主要环节，通过科学的财务管理，企业可以提高资金使用效率，增强财务稳定性和可持续发展能力。

资金筹集管理是财务管理的起点，企业通过内部和外部多种渠道，获取所需的资金，以支持日常运营和长期发展。企业在筹集资金时，应综合考虑资本成本、资金来源、融资期限和市场环境等因素，通过科学的融资策略，确保企业获得稳定、低成本的资金支持。资金运用管理是资金筹集后的关键环节，企业通过科学的资金配置，将筹集到的资金投入到最有前景的项目和经营活动中，以获取最大收益。企业在资金运用管理过程中，需要进行成本效益分析、风险评估和投资组合管理，确保资金的高效使用。

资本结构管理是企业财务管理中的重要内容，企业通过合理配置债务和权益资本的比例，以实现资本成本的最小化和资本收益的最大化。资本结构的优化不仅有助于企业提高资本效率，还能增强企业的财务稳定性和抗风险能力。企业在资本结构管理过程中，需要综合考虑资本成本、税收效应、市场条件和公司治理等因素，制定科学的资本结构策略。利润分配管理是企业财务管理的最终环节，企业在实现利润后，需要对其进行合理分配，包括股东分红、再投资和债务偿还等。企业在利润分配过程中，需要平衡股东、债权人和公司发展的利益，通过科学的利润分配策略，确保企业的可持续发展和股东价值的最大化。

财务管理作为企业管理的重要组成部分，其定义、基本职能、原则和内容等方面都对企业的生存和发展起着至关重要的作用。通过科学的财务管理，企业可以实现资源的优化配置，提高经营效率和效益，增强市场竞争力。在未来的发展中，企业应不断提升财务管理水平，适应市场环境的变化，推动企业实现高质量发展。财务管理不仅仅是企业内部管理的一部分，更是企业在市场竞争中取得成功的重要保障。在实际操作中，企业应结合自身实际情况，灵活应用财务管理的各项理论和方法，不断创新财务管理模式，以应对市场环境的快速变化和竞争的加剧。

二、财务管理的目标

财务管理作为企业经营管理的重要组成部分，其目标直接影响着企业的生存和发展。财务管理的目标不仅仅是实现企业利润最大化，更包括了企业价值最大化、资金使用效率提升、风险管理与控制等多方面内容。随着全球经济环境的变化，企业财务管理目标也不断调整和优化，以适应复杂多变的市场需求。在全球化和信息化的背景下，财务管理的目标逐渐从传统的利润最大化扩展为更具综合性的企业价值最大化。这一转变要求财务管理人员在制定财务目标时，必须充分考虑企业的长期发展战略、股东利益、企业社会责任等多重因素。在此基础上，深入探讨财务管理的目标，分析其在企业管理中的重要性和实现途径。

（一）提升企业利润率

在企业经营过程中，利润率的高低直接反映了企业的盈利能力和市场竞争力。实现利润率的提升是财务管理的核心目标之一。这一目标要求财务管理人员不仅要关注企业的收入和成本，还要深入分析市场环境、竞争对手的状况以及企业内部的运营效率。在市场竞争日益激烈的今天，企业要在保持产品和服务质量的前提下，不断优化成本结构，提升资源配置效率，以实现利润率的持续增长。企业在追求利润率提升的过程中，必须平衡短期收益和长期可持续发展之间的关系。一是在确定企业利润率目标时，财务管理人员应基于全面的市场调研和分析，制订科学合理的利润增长计划。这包括对市场需求的预测、价格策略的制定、成本控制的措施等。通过科学的利润率目标管理，企业不仅能够在激烈的市场竞争中占据优势地位，还能够为股东创造更高的回报。此外利润率的提升也需要企业在市场营销、客户关系管理等方面下功夫，以确保企业的收入来源多元化和稳定性。企业需要通过增强产品和服务的附加值，提升客户忠诚度，进而稳定并提高销售收入。二是利润率的提升不能仅靠短期的财务操作，还需通过长期的战略规划和业务创新来实现。这要求企业在产品研发、市场开拓、品牌建设等方面投入更多资源，从而在市场中建立独特的竞争优势。同时企业应注重提升内部运营效率，通过优化生产流程、改进技术工艺来降低成本，这不仅有助于利润率的提升，也能增强企业的市场竞争力。财务管理人员在此过程中应扮演好监督和支持的角色，确保企业在追求利润的同时能够保持可持续发展。

（二）实现企业价值最大化

企业价值最大化是现代企业财务管理的重要目标，它强调的是企业整体价值的提升，而不仅仅是短期利润的增加。企业价值的最大化不仅涉及企业现有资产的合理配置和使用，还包括企业未来收益的预期和风险的管理。在全球资本市场中，企业价值的变化直接影响着企业的融资能力和市场地位，因此实现企业价值最大化是企业长远发展的必然选择。企业价值最大化不仅仅是股东利益的最大化，更应当考虑企业在社会、环境和经济各方面的综合影响。一是在实现企业价值最大化的过程中，财务管理人员应重点关注企业的资本结构、投资决策和股东回报。这要求企业在进行资本配置时，充分考虑市场的风险和收益，以确保企业资本的最优配置。此外企业还需通过持续的创新和业务扩展，增强其市场竞争力，从而提升企业整体价值。财务管理人员应当在资产配置上做到精细化管理，根据不同业务的风险收益特征，选择合适的资本结构和投资组合，最大化企业整体价值。二是企业价值最大化还需要通过有效的风险管理来实现。财务管理人员需要深入分析企业所面临的各类风险，包括市场风险、信用风险、运营风险等，并制定相应的风险管理策略，以确保企业价值的稳定增长。在这过程中，企业需要建立健全的风险预警机制，通过数据分析和模型预测，及时发现和应对潜在风险。同时企业还应关注环境、社会和治理（ESG）因素，将可持续发展纳入企业价值最大化的考量中，从而提高企业在市场中的长期竞争力和影响力。

（三）优化企业资本结构

资本结构的优化是财务管理目标中的重要一环，它直接关乎企业的融资成本和财务风险。企业在不同的发展阶段，所需的资本结构会有所不同，因此合理的资本结构设计对企业的长远发展具有重要意义。企业资本结构的优化不仅是财务管理中的技术性问题,也是战略性问题。一是财务管理人员在设计企业资本结构时,需综合考虑债务和股权的比例,确保企业在获得足够资金支持的同时保持财务的稳健性。债务融资虽然能够在一定程度上降低企业的资金成本,但过高的负债率会增加企业的财务风险。因此企业需在保持资本结构灵活性的同时尽量减少对外部债务的依赖,以降低财务风险。在选择融资方式时,企业还应考虑不同资本来源的市场环境变化以及融资成本的波动。财务管理人员应在资本市场动态中做出快速反应,确保企业能够及时调整融资策略,优化资本结构。二是资本结构的优化还需结合企业的发展战略,确保企业能够在不同时期灵活调整其资本来源和结构。对于成长型企业而言,适度的债务融资可以促进企业的快速扩张,而对于成熟型企业而言,更注重的是财务的稳健性和股东回报的最大化。在这过程中,财务管理人员应持续监控企业的资本结构变化,进行定期评估和调整,以确保资本结构始终符合企业的发展需求和市场环境的变化。同时企业还应充分利用金融工具和资本市场机会,通过合理的资本运作实现资本结构的优化与企业价值的提升。

(四) 提升资金使用效率

资金使用效率的提升是财务管理目标中不可或缺的一部分,它直接影响企业的营运能力和资金周转速度。企业要在市场竞争中立于不败之地,必须提高资金的使用效率,减少资金的闲置和浪费,从而最大化资金的使用价值。资金使用效率的提升不仅依赖于企业内部管理的优化,也与外部市场环境的变化密切相关。一是企业应通过科学的资金管理制度,确保资金的高效运转。财务管理人员应实时监控企业的现金流状况,合理安排资金的使用,避免因资金周转不灵而导致的经营风险。在此基础上,企业还应积极寻求提高资金使用效率的途径,例如通过优化库存管理、加快应收账款的回收速度等方式,减少资金占用,提升企业的营运能力。同时企业还应通过信息化手段,提升资金管理的透明度和实时性,以更好地应对市场变化。通过建立完善的资金管理体系,企业能够在激烈的市场竞争中保持资金的充足性和流动性。二是提高资金使用效率还需通过优化企业的业务流程来实现。企业应定期进行流程分析和改进,消除不必要的环节和冗余,简化资金流动路径,从而提高资金的使用效率。此外企业还应根据市场和业务的发展变化,及时调整资金的使用策略,以确保资金能够高效支持企业的各项经营活动。财务管理人员在此过程中应发挥积极作用,通过合理的资金调度和管理,确保企业在资金方面的稳健性和灵活性。此外企业还应考虑通过多元化投资和财务创新,最大化闲置资金的收益,从而进一步提升资金使用效率。

财务管理的目标是企业实现可持续发展的重要保障。通过提升企业利润率、实现企业价值最大化、优化资本结构以及提升资金使用效率,企业能够在激烈的市场竞争中占据有利地位,实现长远发展。然而财务管理的目标并非孤立存在的,而是与企业的整体战略、市场环境和内部管理紧密相连的。在实际操作中,财务管理人员应综合考虑各方面因素,制定科学合理的财务目标,并通过有效的管理手段和方法,确保这些目标的实现,从而为企业创造更大的经济价值和社会价值。

第二节 财务管理的环节与原则

一、财务管理的环节

财务管理作为企业管理的重要组成部分,其作用不仅限于资金的筹集和使用,还涵盖了对企业财务活动的全方位管理。财务管理的各个环节相互联系、相互制约,共同保障了企业的财务健康与可持续发展。对于一个企业来说,科学有效的财务管理环节是实现经营目标、提升市场竞争力的关键。随着经济全球化的发展,企业面临的财务管理挑战日益复杂,财务管理环节的合理设置和优化成为企业管理者关注的重点。在这一背景下,深入探讨财务管理的主要环节,分析各环节之间的相互作用及其在企业经营管理中的重要性。

(一)资金筹集与资本结构管理

资金筹集是财务管理的首要环节,它直接影响企业的资本结构和财务风险。企业在不同的发展阶段对资金的需求和来源都有所不同,因此合理的资金筹集策略至关重要。资金筹集不仅要考虑资金的数量,还要考虑资金的成本、期限和风险等因素。企业在筹集资金时，需综合考虑内外部融资渠道的优势与劣势，以确保企业能够获得充足且成本合理的资金支持。一是企业在资金筹集过程中，需要平衡债务和股权融资的比例，既要利用债务融资的杠杆作用，又要防止过高的负债率导致财务风险增加。企业还需关注融资时机，选择在市场条件有利时进行融资，以降低资金成本。此外企业应建立健全的资金筹集机制，确保在需要资金时能够及时获得足够的资金支持。二是资本结构的管理同样重要。合理的资本结构有助于降低企业的融资成本，提高企业的财务稳定性。在资本结构管理中，企业需根据自身的经营特点和发展战略，合理选择债务与股权的比例。在资本市场上，企业应通过精细化管理，动态调整资本结构，以适应市场环境的变化。同时企业应注重长期资本和短期资本的合理配置，确保企业能够在不同的市场条件下保持足够的流动性和财务灵活性。

（二）投资决策与项目管理

投资决策是财务管理的核心环节之一，它决定了企业的资金投向和未来的收益水平。企业的投资决策不仅影响企业当前的财务状况，还关系到企业的长期发展战略和市场竞争力。在制定投资决策时，企业需充分考虑投资项目的风险、收益和时间价值。科学合理的投资决策能够有效提升企业的资产质量，增强企业的市场竞争力。一是企业在进行投资决策时，应全面分析市场环境和行业发展趋势，结合自身的资源和能力，选择符合企业发展战略的投资项目。投资决策不仅需要考虑项目的直接经济效益，还应评估项目对企业整体业务的协同效应和战略价值。此外企业应建立严格的投资决策程序，确保投资决策的科学性和合理性。二是投资后的项目管理也是财务管理的关键环节。企业应通过科学的项目管理，确保投资项目能够按计划实施，达到预期的投资回报。在项目管理过程中，企业需密切监控项目进展，及时发现和解决项目实施中的问题。企业还应加强项目的成本控制，确保项目预算的合理使用，避免资金浪费。同时企业应定期对投资项目进行评估和调整，根据市场环境的变化和项目的实际进展，灵活调整项目策略，以最大化投资收益。

（三）运营资本管理与流动性控制

运营资本管理是财务管理中确保企业日常运营顺畅的重要环节。企业在日常运营中需要维持一定的运营资本，以保证生产和销售活动的正常进行。运营资本的管理不仅涉及应收账款、库存和应付账款的管理，还包括现金管理和流动性控制。合理的运营资本管理能够提高企业的资金周转效率，降低财务成本，增强企业的市场竞争力。一是企业在运营资本管理中，应重视应收账款的管理，通过优化客户信用政策和加强催收力度，缩短应收账款的回收周期，提高资金使用效率。此外企业还应加强库存管理，优化库存结构，减少库存积压，降低库存成本。二是流动性控制是运营资本管理的重要内容。企业应通过科学的现金流预测和预算管理，确保企业在任何时候都有足够的现金流支持运营。流动性不足导致企业无法应对突发的资金需求，进而影响企业的生产和销售活动。因此企业应建立健全的流动性管理机制，合理配置短期和长期资金，确保企业在不同市场环境下的财务稳健性。企业还应灵活运用金融工具，进行现金流的调度和管理，以应对市场的不确定性。

（四）财务风险管理与内控体系建设

财务风险管理是财务管理的重要环节，它涉及识别、评估、应对和监控企业面临的各种财务风险。有效的财务风险管理能够帮助企业减少潜在损失，保护企业的财务健康。企业在进行财务管理时，需结合自身的行业特点和经营状况，制定针对性的财务风险管理策略。

一是企业在进行财务风险管理时，应识别影响企业财务状况的各种风险因素，包括市场风险、信用风险、流动性风险和操作风险等。在识别风险的基础上，企业应进行风险评估，确定各类风险对企业财务状况的影响程度，并制定相应的风险应对措施。

二是内控体系建设是财务风险管理的基础。企业应通过建立完善的内部控制体系，规范财务管理流程，防范财务管理中的各类风险。内控体系应涵盖企业的各个财务管理环节，包括资金筹集、投资决策、运营资本管理等，确保企业在日常运营中能够有效识别和应对财务风险。此外企业还应定期对内控体系进行检查和评估，及时发现和改进存在的问题，确保内控体系的有效性和适应性。

（五）财务信息披露与透明度管理

财务信息披露是企业财务管理的一个重要环节，它涉及企业财务状况、经营成果和现金流量的信息披露。透明的信息披露不仅能够增强企业的市场信誉和投资者信心，还能提高企业的治理水平，促进企业的长期发展。企业在进行财务信息披露时，应遵循相关法律法规和行业规范，确保财务信息的真实性、准确性和及时性。一是企业在财务信息披露过程中，应注重披露内容的完整性和全面性，包括财务报表、财务附注和管理层分析等。企业应通过规范的财务信息披露，向投资者和利益相关者展示企业的财务健康状况，增强企业的市场竞争力和投资吸引力。二是财务透明度管理同样重要。企业应通过加强财务管理制度建设，提升财务透明度，确保企业在市场中的信息对称性。财务透明度不仅有助于企业吸引外部投资，还能提高企业的内部管理水平，促进企业的长期健康发展。此外企业应定期进行财务信息披露的自我评估，确保信息披露的质量和合规性，提升企业在市场中的公信力。

财务管理的各个环节是企业管理中不可或缺的组成部分。通过有效的资金筹集与资本结构管理、科学的投资决策与项目管理、合理的运营资本管理与流动性控制、严格的财务风险管理与内控体系建设以及透明的财务信息披露与管理，企业能够在激烈的市场竞争中保持财务稳健性和可持续发展。然而财务管理的各个环节并非孤立存在的，而是相互联系、相互作用的。在实际操作中，企业管理者应综合考虑各环节之间的关系，通过有效的管理手段和方法，确保各环节的协调运行，从而实现企业的财务管理目标，为企业的长远发展提供坚实的保障。未来随着市场环境的变化和企业规模的扩大，财务管理的各个环节也将面临新的挑战和机遇。企业需不断优化财务管理环节，提高管理水平，以适应不断变化的市场需求，为企业创造更大的经济价值和社会价值[①]。

二、财务管理的原则

财务管理作为企业管理的核心部分，其原则决定了财务管理的方向和操作的规范性。科学、合理的财务管理原则不仅有助于企业实现其财务目标，还能有效地规避财务风险，保障企业的可持续发展。在市场经济条件下，企业财务管理面临着日益复杂的外部环境和内部挑战，如何在这样复杂多变的环境中制定并遵循

---

①陈宣君. 财务管理[M]. 成都：西南交通大学出版社，2019：8.

适当的财务管理原则，成为企业成功的重要保障。深入探讨财务管理的主要原则，分析这些原则在企业管理实践中的应用与重要性。

（一）权责对等原则

在企业财务管理中，权责对等原则是确保管理活动规范化的重要原则。这个原则要求企业在进行财务管理时，必须明确各级管理人员的权力与责任，确保权责的对等和统一。权责对等原则不仅有助于提高管理效率，还能有效防范因权责不清而导致的管理混乱和财务风险。一是企业在实施权责对等原则时，应通过制度化的设计，明确各管理层级的权力范围和责任内容。企业需建立详细的财务管理制度，对各级管理人员的财务权限和责任进行明确规定，确保每个管理环节都能够在权责对等的基础上进行有效管理。此外企业还应通过定期的内部审计和监督机制，确保权责对等原则的贯彻落实，防止因权责失衡导致的管理问题。二是权责对等原则在实际操作中，要求企业不仅要赋予管理人员相应的权力，还要确保其承担相应的责任。这意味着，管理人员在行使财务管理权力时，必须对其决策和行为负责。企业应通过建立健全的责任追究机制，确保权责对等原则在各级管理中得到严格执行，从而提高企业财务管理的透明度和规范性。企业还应定期对权责对等原则的执行情况进行评估和调整，以适应企业发展过程中不断变化的管理需求。

（二）合理性与合法性原则

财务管理的合理性与合法性原则是确保财务管理活动符合企业利益和法律要求的基本准则。这一原则要求企业在进行财务管理活动时，不仅要追求经济效益，还要确保所有财务活动符合相关法律法规的要求。合理性与合法性原则是企业合规经营的基础，也是企业在市场中树立良好形象的重要保障。一是企业在财务管理中，应充分考虑各项财务活动的合理性。这包括成本的合理控制、资源的合理配置以及资金的合理使用。企业应通过科学的财务分析和管理，确保每一项财务决策都基于充分的数据支持和合理的经济逻辑，以实现企业资源的最优配置和效益最大化。二是企业在财务管理过程中，还必须严格遵守相关法律法规，确保财务活动的合法性。这意味着企业在进行财务活动时，必须确保所有操作都符合国家和地区的法律要求，避免因违法操作导致的法律风险和经济损失。企业应通过建立完善的合规管理体系，加强对财务管理人员的法律知识培训，确保其在进行财务管理活动时，能够准确理解并执行相关法律法规。此外企业还应定期进行财务合规审查，确保财务管理活动始终符合法律要求，维护企业的合法权益。

（三）效益最大化原则

效益最大化原则是企业财务管理的核心目标之一。这个原则要求企业在进行财务管理时，应以实现企业整体效益的最大化为最终目标。效益最大化不仅指企业的利润最大化，还包括企业价值的提升、股东利益的保障以及社会责任的履行。效益最大化原则强调的是财务管理的全局观念，即在进行财务决策时，应综合考虑各种因素，以实现企业的长远发展目标。一是企业在追求效益最大化的过程中，应注重财务资源的高效配置。企业应通过科学的财务规划和管理，确保财务资源能够有效支持企业的各项经营活动，最大限度地提升企业的整体效益。此外企业还应通过成本控制、风险管理等手段，降低财务成本，提高财务收益，从而实现效益最大化。二是效益最大化原则还要求企业在追求经济效益的同时关注社会效益和环境效益。这意味着企业在进行财务决策时，应将社会责任和环境保护纳入决策考量中，实现企业经济效益和社会效益的协调发展。企业应通过可持续发展战略的制定和实施，提升企业的社会形象和市场竞争力，从而为企业的长期发展创造有利条件。此外企业还应通过创新和技术进步，提高资源利用效率，减少对环境的负面影响，实现效益最大化原则的全面贯彻。

（四）风险控制原则

风险控制原则是财务管理中确保企业财务安全的重要原则。企业在进行财务管理活动时，必须充分考虑各种潜在的财务风险，并采取有效的措施进行防范和控制。风险控制原则不仅涉及对已知风险的管理，还包括对不确定性风险的预警和应对。通过有效的风险控制，企业可以在不确定的市场环境中保持财务稳健性，减少财务损失，保障企业的长期健康发展。一是企业在实施风险控制原则时，应建立全面的风险识别和评估机制。企业应通过系统的风险分析，识别出影响企业财务状况的各类风险因素，并对其进行量化评估，以确定风险的严重性和发生概率。基于风险评估的结果，企业应制定相应的风险应对策略和预案，确保在风险发生时能够及时采取有效措施，减少财务损失。二是风险控制原则还要求企业建立健全的内部控制体系，通过内部控制机制的有效运行，加强对财务管理活动的监督和管理。企业应定期对内部控制体系进行审查和完善，确保其能够有效识别和应对各种财务风险。同时企业还应加强对财务管理人员的风险意识和风险管理能力的培训，提高其在风险识别和应对方面的专业能力。此外企业还应通过外部审计和第三方评估等手段，对风险控制体系的有效性进行客观评估，确保风险控制措施能够切实发挥作用，保障企业的财务安全。

（五）动态调整原则

动态调整原则是财务管理中应对市场变化和企业发展需求的关键原则。企业在财务管理过程中，需根据外部环境的变化和内部经营情况的调整，灵活调整财务管理策略和方法，以确保财务管理活动能够始终与企业的发展目标相一致。动态调整原则强调财务管理的灵活性和适应性，要求企业能够及时识别市场环境的变化，并迅速做出相应的调整，以保持财务管理的有效性和前瞻性。一是企业在实施动态调整原则时，应建立灵活的财务管理机制，能够快速响应市场的变化和企业内部需求的调整。企业应通过定期的财务分析和评估，监控市场环境的变化和企业经营状况的动态发展，及时调整财务管理策略，以应对外部环境的变化。二是动态调整原则还要求企业在财务管理中，注重长期战略与短期战术的结合。企业在制订财务管理计划时，应考虑到未来市场变化和企业发展需求，确保财务管理计划具有一定的弹性和调整空间。企业还应通过加强信息化管理，提升财务管理的实时性和精准性，以更好地适应动态调整的需要。此外企业应定期对财务管理的执行情况进行评估和反馈，及时发现和纠正财务管理中的问题，确保财务管理能够有效支持企业的长期发展战略。

财务管理的原则是企业财务管理活动的指导思想和行为准则。通过遵循权责对等原则、合理性与合法性原则、效益最大化原则、风险控制原则以及动态调整原则，企业能够有效提高财务管理的科学性和规范性，为实现企业的财务目标提供坚实保障。在实际操作中，企业管理者应充分理解和运用这些原则，并结合企业的实际情况和市场环境，灵活调整财务管理策略和方法，以适应不断变化的经营环境，促进企业的可持续发展。未来随着市场环境的不断变化和企业经营模式的不断创新，财务管理的原则也将面临新的挑战。企业需不断学习和借鉴先进的财务管理经验，优化财务管理原则和方法，确保财务管理始终能够为企业的发展提供强有力的支持。

第三节 财务管理的环境分析

一、宏观经济环境

财务管理是企业管理中至关重要的部分，其有效性直接关乎企业的生存和发展。财务管理的成功与否，不仅取决于企业内部的管理制度和策略，还深受外部环境尤其是宏观经济环境的影响。宏观经济环境包括经济增长、通货膨胀、利率波动、汇率变化、财政政策、货币政策等诸多因素，这些因素通过不同的途径影响企业的财务状况和经营决策。在全球化和信息化的背景下，宏观经济环境的变化日益频繁和复杂，这对企业的财务管理提出了更高的要求。企业需要不断关注和分析宏观经济环境的变化，及时调整财务管理策略，以适应外部环境的变化，从而保障企业的财务稳健性和可持续发展。

（一）经济增长对财务管理的影响

经济增长是宏观经济环境中的核心变量，它直接影响企业的市场需求、盈利能力以及资本市场的活跃程度。经济增长通常伴随着市场需求的增加和投资机会的增多，这为企业的发展创造了有利条件。然而经济增长的速度和质量并不稳定，因此企业需要在财务管理中充分考虑经济增长对其业务的潜在影响。一是企业在经济增长时期，应积极把握市场机遇，通过扩大生产规模和市场份额来提高盈利能力。经济增长带来的市场扩张和消费升级，往往意味着企业能够通过增加投资和扩展业务范围，获得更多的利润。同时企业还应通过优化资源配置和提高生产效率，进一步增强市场竞争力，最大化经济增长带来的收益。二是经济增长的波动性也要求企业在财务管理中做好风险防范。企业应通过财务分析和预测，提前识别经济增长出现的放缓或衰退迹象，并采取相应的应对措施，如调整投资计划、优化成本结构、加强现金流管理等，以降低经济波动对企业财务状况的负面影响。此外企业还应注重提升自身的抗风险能力，通过多元化经营和国际化战略，分散经济增长波动带来的风险，确保企业的长期稳健发展。

（二）通货膨胀对财务管理的影响

通货膨胀是宏观经济环境中的常见现象，它通过影响物价水平、成本结构和资金购买力，直接影响企业的财务管理活动。通货膨胀的上升往往伴随着原材料价格、劳动力成本和其他生产成本的增加，这对企业的利润率构成了压力。此外通货膨胀还会导致货币贬值，降低企业持有现金的实际购买力，进而影响企业的资金管理策略。一是企业在通货膨胀环境中，应采取积极的应对措施，以减轻通胀带来的成本压力。企业可以通过提高产品售价、优化供应链管理、加强成本控制等手段，缓解通胀对利润的侵蚀。同时企业还应通过锁定长期合同、提前采购等方式，降低通货膨胀对生产成本的影响，保持成本的相对稳定。二是通货膨胀对企业资金管理的影响也不容忽视。由于通货膨胀会导致货币贬值，企业需要通过有效的资产配置，保持资金的保值增值。企业可以考虑增加对实物资产的投资，如不动产、贵金属等，以抵御通货膨胀带来的购买力下降。此外企业还应优化债务结构，利用通胀环境中的低利率贷款，降低融资成本，减轻通货膨胀对财务负担的影响。同时企业应加强现金流管理，通过灵活的资金调度和多元化投资，确保资金的流动性和收益性。

（三）利率波动对财务管理的影响

利率是宏观经济环境中的关键变量之一，它直接影响企业的融资成本、投资回报以及资本结构。利率的上升通常意味着企业融资成本的增加，这对依赖外部融资的企业构成了挑战。此外利率的变化还会影响企业的投资决策，因为利率上升会降低投资的现值，削弱企业的投资意愿和能力。反之，利率的下降则有助于企业降低融资成本，增强投资能力。一是企业在利率上升时期，应通过调整资本结构、优化融资方式来应对融资成本的增加。企业可以选择提前偿还高息债务，减少利息支出，同时加强内部融资和股权融资，以降低利率上升带来的财务压力。此外企业还应密切关注市场利率的变化，适时调整融资计划，以降低利率波动对财务管理的负面影响。二是利率波动还会影响企业的投资决策。企业在进行投资时，应充分考虑利率变化对投资回报的影响，通过财务模型和投资分析，评估不同利率情景下的投资收益和风险。在低利率环境下，企业可以加大对高回报项目的投资，以获取更大的利润空间，而在高利率环境下，企业应更加谨慎，选择风险较低、回报稳定的投资项目。此外企业还应通过套期保值等金融工具，锁定未来的融资成本和投资回报，以降低利率波动对财务管理的影响，保障企业的财务稳健性。

（四）汇率变动对财务管理的影响

汇率变动是国际化企业财务管理中的重要影响因素，尤其对于那些涉足国际贸易和投资的企业来说，汇率的波动直接影响到企业的收入、成本和利润水平。汇率的上升或下降，都会对企业的进出口业务、外汇负债和海外投资产生深远的影响。因此企业在进行财务管理时，必须密切关注汇率变化，采取相应的对冲和调整措施，降低汇率波动带来的风险。一是企业在应对汇率变动时，应建立完善的外汇管理机制，通过预测和分析汇率走势，提前进行外汇头寸的调整。企业可以通过套期保值、远期合约和外汇期权等金融工具，锁定汇率风险，确保国际业务的稳定性和利润率。此外企业还应根据汇率变化，及时调整出口产品的定价策略和进口原材料的采购计划，以最大限度地减少汇率波动对企业经营的负面影响。二是汇率变动还会影响企业的财务报表和财务比率。企业应在财务管理中充分考虑汇率变化对资产负债表和损益表的影响，确保财务报表的真实性和一致性。企业还应通过多元化的国际市场布局，分散汇率波动带来的风险，提高企业在全球市场中的抗风险能力和竞争力。此外企业还应加强对汇率风险管理的内部控制和培训，提高财务管理团队的外汇风险管理能力，确保企业在复杂多变的国际环境中保持财务稳健性。

宏观经济环境是企业财务管理中不可忽视的外部因素。通过深入分析经济增长、通货膨胀、利率波动和汇率变动等宏观经济变量，企业可以更好地理解其对财务管理的深远影响，并采取相应的对策和措施，确保财务管理活动的有效性和前瞻性。在实际操作中，企业应建立系统的宏观经济分析和监控机制，及时调整财务管理策略，以适应宏观经济环境的变化，保障企业的财务安全和可持续发展。

二、金融环境

金融环境是企业财务管理中的一个重要外部因素，它对企业的融资决策、投资活动、资本结构以及风险管理产生深远影响。金融环境包括金融市场的发展状况、金融机构的政策导向、利率水平、信贷条件、金融工具的创新等多方面内容。这些因素共同决定了企业在进行财务管理时所面临的机会和挑战。在全球化和信息化的背景下，金融环境的变化日益频繁且复杂，这要求企业在制定财务管理策略时，必须充分考虑金融环境的动态变化，以确保财务管理的有效性和稳健性。深入探讨金融环境对企业财务管理的影响，分析企业在不同金融环境下如何优化其财务管理策略，以实现可持续发展。

（一）金融市场的发展与企业融资

金融市场的发展状况对企业的融资能力和融资成本具有直接影响。一个成熟且高效的金融市场能够为企业提供多样化的融资渠道，如股票市场、债券市场、银行贷款、私募基金等，从而降低企业的融资成本，提高资金的获取效率。金融市场的发展不仅体现在市场规模的扩大和交易活跃度的提高，还包括金融产品和工具的不断创新，这为企业提供了更多的融资选择和风险管理手段。一是企业在金融市场发展良好的环境下，应积极利用多样化的融资渠道，以优化资本结构和降低融资成本。通过在股票市场和债券市场进行直接融资，企业可以获得相对低成本的资金支持，增强财务稳健性。同时企业还可以利用金融市场中的各种创新金融工具，如资产证券化、衍生品等，进行融资和风险管理，提高财务管理的灵活性和有效性。二是企业在金融市场不稳定或发展不完善的环境下，需更加谨慎地选择融资渠道和工具。金融市场的不稳定性导致融资成本的上升和融资难度的增加，这对企业的财务管理提出了更高的要求。企业应通过加强内部融资、优化资金管理等手段，减少对外部融资的依赖，同时企业还应密切关注金融市场的发展动态，及时调整融资策略，以应对市场变化带来的风险。此外企业还可以通过建立稳健的财务管理制度，增强自身的抗风险能力，以应对金融市场的不确定性。

（二）金融机构的政策导向与企业财务决策

金融机构作为金融市场的重要参与者，其政策导向对企业的财务决策具有重要影响。金融机构的信贷政策、利率政策、监管政策等，直接决定了企业的融资条件和融资成本。此外金融机构的风险评估标准和信用评级体系，也影响着企业的融资能力和融资结构。在金融机构政策导向的影响下，企业必须调整其财务决策，以适应外部环境的变化，确保财务管理的稳健性和可持续性。一是企业在金融机构政策宽松的环境下，应积极拓展融资渠道，利用较低的融资成本进行资本扩张和业务扩展。通过合理运用银行贷款、金融租赁等金融工具，企业可以获取长期稳定的资金支持，推动企业的战略发展。同时企业还应利用金融机构提供的各种金融服务，如现金管理、风险管理等，优化财务管理流程，提高财务管理效率。二是企业在金融机构政策趋紧的环境下，需加强内部管理，优化财务结构，降低对外部融资的依赖。金融机构政策趋紧通常伴随着融资条件的收紧和融资成本的上升，这对企业的财务管理带来了更大的压力。企业应通过提高内部资金的使用效率，增强自有资金的积累能力，减少对外部资金的需求。此外企业还应加强与金融机构的合作，保持良好的信用记录，以获得更优的融资条件和更稳定的资金来源。同时企业还应加强对金融机构政策的研究和预测，提前做好应对措施，以应对政策变化对财务管理的影响。

（三）利率水平与企业资本成本

利率水平是金融环境中影响企业财务管理的重要因素之一。利率的变化直接影响企业的融资成本、投资决策以及资本结构。低利率环境下，企业的融资成本较低，能够通过借贷获得更多的资金支持，这有利于企业的资本扩张和业务扩展。然而高利率环境下，企业的融资成本上升，导致投资回报的下降和资本负担的增加，这对企业的财务管理提出了更高的要求。一是企业在低利率环境下，应充分利用低成本的融资机会，扩大资本投入和业务规模。通过合理运用长期债务融资，企业可以锁定较低的融资成本，增强财务稳健性。同时企业还可以通过低利率贷款进行资本结构优化，减少股东权益的稀释，提高企业的整体价值。此外企业还应密切关注利率水平的变化趋势，及时调整融资计划，以降低未来利率上升对企业财务的负面影响。二是企业在高利率环境下，需更加谨慎地进行财务管理，控制资本成本和财务风险。高利率环境通常伴随着融资成本的上升和融资渠道的收紧，这对企业的资本结构和现金流管理提出了更高的要求。企业应通过优化资本结构，减少高成本债务的依赖，增强内部融资能力，以降低利率上升对财务管理的压力。此外企业还应通过财务分析和风险管理工具，评估不同利率水平下的财务状况和投资回报，调整投资计划和融资策略，确保企业在高利率环境下能够保持财务稳健性和经营稳定性。

（四）金融工具的创新与企业风险管理

金融工具的创新是金融环境中的重要组成部分，它为企业的财务管理提供了更多的选择和可能性。通过合理运用各种创新金融工具，如衍生品、期权、期货、资产证券化等，企业可以更好地进行风险管理、资金筹集和投资管理。然而金融工具的创新也伴随着复杂性和风险的增加，这要求企业在运用这些工具时，必须具备足够的专业知识和风险管理能力。一是企业在运用创新金融工具时，应充分了解其特点和风险，通过科学的风险评估和管理，确保金融工具的使用能够达到预期的财务目标。企业应通过培训和专业咨询，提高财务管理团队的专业水平，增强对金融工具的理解和应用能力。此外企业还应通过多元化的金融工具组合，分散风险，提高财务管理的灵活性和有效性。二是金融工具的创新还要求企业加强内部控制和风险管理机制的建设。金融工具的复杂性和市场的不确定性，导致企业面临较大的财务风险。企业应通过建立健全的内部控制制度，加强对金融工具使用过程中的风险监控和管理，确保金融工具的合理使用和风险的有效控制。同时企业还应定期进行风险评估和审计，及时发现和纠正潜在问题，确保财务管理的安全性和稳健性。此外企业还应密切关注金融市场的变化，及时调整金融工具的使用策略，以应对市场环境的变化和挑战，确保企业的财务管理能够在复杂的金融环境中保持灵活性和适应性。

金融环境对企业财务管理的影响是多方面的，通过对金融市场的发展、金融机构的政策导向、利率水平以及金融工具的创新等方面的深入分析，企业可以更好地理解金融环境对财务管理的深远影响，并采取相应的措施进行应对。在实际操作中，企业应建立健全的金融环境分析和监控机制，及时调整财务管理策略，以适应不断变化的金融环境，确保财务管理的有效性和前瞻性。未来随着全球金融市场的进一步融合和金融科技的快速发展，企业面临的金融环境将更加复杂多变，这要求企业不断提升财务管理的创新能力和风险管理水平，以应对新的挑战，为企业的可持续发展提供有力的财务支持。

三、法律环境

法律环境是企业财务管理中的一个关键外部因素，它对企业的财务决策、风险管理、合规操作以及内部控制产生深远影响。法律环境包括国家和地方层面的法律法规、行业监管政策、税收政策、劳动法、知识产权法等，这些法律法规的实施和变化，直接影响到企业的财务管理实践。在全球化和市场经济不断发展的背景下，企业面临的法律环境日益复杂和多变，这要求企业在进行财务管理时，必须充分理解和遵循相关的法律规定，以确保财务管理活动的合法性和合规性。深入探讨法律环境对企业财务管理的影响，分析企业如何在不同的法律环境下优化其财务管理策略，以实现可持续发展。

（一）合规管理与法律环境的互动

合规管理是企业在复杂的法律环境中确保财务管理合法性的关键手段。企业在进行财务管理时，必须严格遵守国家和地方的法律法规，确保所有财务活动的合法性和合规性。合规管理不仅涉及对现行法律的遵守，还包括对法律变化的及时响应和调整。企业应通过建立健全的合规管理体系，确保其财务管理活动能够符合法律要求，并在法律环境变化时迅速调整。一是企业在合规管理中，应通过对法律环境的全面分析，识别与财务管理相关的法律风险。企业需要关注与自身业务相关的法律法规，并进行合规风险评估，以便在日常运营中采取适当的合规措施。此外企业还应通过内部审计和外部审查，确保其财务管理活动的合规性，防范因法律违规导致的法律纠纷和经济损失。二是企业在法律环境变化时，需迅速调整其财务管理策略，确保合规管理的持续有效性。法律环境的变化带来新的合规要求，企业应通过及时更新合规管理制度，培训员工法律知识，确保企业能够及时适应法律环境的变化。同时企业还应加强与法律顾问和行业监管机构的沟通，获取最新的法律信息和政策指导，以确保合规管理的前瞻性和有效性。此外企业应通过信息化手段，提升合规管理的自动化和效率，降低合规成本，保障企业在法律环境中的合法经营。

（二）税收政策与企业财务管理

税收政策是法律环境中对企业财务管理影响最为直接的因素之一。税收政策包括所得税、增值税、消费税、关税等各类税种的税率、税基和征收方式，这些税收政策的变化会直接影响企业的税负成本和财务报表。企业在进行财务管理时，必须充分考虑税收政策的影响，通过合理的税务筹划，优化企业的税负结构，提高企业的盈利能力。一是企业在应对税收政策变化时，应通过科学的税务筹划，降低企业的税负成本。税务筹划不仅要遵循合法性原则，还要结合企业的实际经营状况，选择最优的税收策略。例如企业可以通过合理安排收入和支出的确认时间，利用税收优惠政策，优化资本结构等方式，减少税负，提高净利润。此外企业还应通过加强与税务部门的沟通，确保对税收政策的理解和执行准确无误，避免因税务处理不当导致的税务风险。二是税收政策对企业财务管理的影响不仅体现在税负成本上，还涉及企业的现金流管理和资本运作。企业在税收政策变化时，需调整其财务管理计划，以应对新的税收负担和税务流程。通过优化现金流管理，企业可以确保在税款缴纳时拥有足够的资金，避免因税款支付导致的现金流紧张。此外企业还应通过财务分析和预测，提前识别和应对税收政策变化对企业经营的潜在影响，调整投资和融资计划，以确保企业在不同税收环境下的财务稳健性和经营稳定性。

（三）知识产权保护与企业财务管理

知识产权保护是法律环境中对企业创新和财务管理具有深远影响的因素之一。企业在研发、生产和市场推广过程中，都会涉及知识产权的创造、使用和保护。知识产权包括专利、商标、著作权、商业秘密等，这些无形资产在企业的财务管理中具有重要地位。企业在法律环境下，必须重视知识产权的管理和保护，确保其财务活动不侵犯他人的知识产权，同时也要通过有效的法律手段保护自身的知识产权。一是企业在进行知识产权管理时，应通过法律手段进行知识产权的注册和保护，确保企业的创新成果不被侵权。企业应通过专利申请、商标注册、版权登记等方式，保护自身的知识产权，并在财务管理中将这些无形资产纳入资产负债表，进行合理的评估和管理。此外企业还应建立完善的知识产权保护机制，防范知识产权侵权行为，减少因知识产权纠纷导致的财务损失。二是知识产权保护还对企业的财务管理策略产生重要影响。企业在进行市场拓展和产品推广时，需考虑知识产权的保护范围和风险，确保产品和服务的合法性和合规性。同时企业还应通过知识产权的许可、转让和合作等方式，实现知识产权的商业化，增加企业的收入来源。此外企业应加强对员工的知识产权意识教育，防范因内部管理不善导致的知识产权泄露和侵权行为，确保企业在法律环境中能够合法有效地管理和使用知识产权，提升企业的市场竞争力和财务绩效。

（四）劳动法与企业财务管理

劳动法是法律环境中直接影响企业人力资源管理和财务管理的重要法律之一。劳动法规定了企业与员工之间的权利和义务，包括工资支付、工作时间、劳动合同、社会保障等内容，这些规定对企业的人力成本和财务负担具有直接影响。企业在进行财务管理时，必须严格遵守劳动法的规定，确保员工权益得到保障，同时优化人力资源管理，提高企业的运营效率和财务绩效。

一是企业在遵循劳动法的过程中，应通过科学的人力资源管理，控制人力成本，提高员工的工作效率。企业应根据劳动法的要求，合理确定员工的工资标准、福利待遇和工作条件，同时通过绩效管理和激励机制，提升员工的工作积极性和生产效率，减少人力资源成本。此外企业还应通过优化用工结构，合理安排工作时间，降低加班成本和用工风险，确保财务管理的合规性和有效性。

二是劳动法对企业财务管理的影响还体现在社会保障和劳动纠纷的处理上。企业在为员工缴纳社会保险和公积金时，需根据劳动法的要求，合理安排资金，确保按时足额缴纳，避免因拖欠或漏缴导致的法律风险和经济处罚。此外企业在处理劳动纠纷时，应通过合法合规的方式，妥善解决与员工之间的争议，减少劳动纠纷对企业财务的负面影响。同时企业还应加强对劳动法的学习和理解，提升管理层和员工的法律意识，确保在劳动关系管理中的合法性和合规性，保障企业的稳定经营和财务健康。

（五）环境保护法律与企业财务管理

环境保护法律是法律环境中对企业可持续发展和财务管理具有重要影响的法律之一。随着全球环境保护意识的提高，各国政府对企业的环境保护要求日益严格，环境保护法律也逐渐成为企业合规管理的重要内容。企业在进行生产经营活动时，必须遵循环境保护法律的规定，确保生产过程中的环境影响最小化，同时优化资源利用，提高企业的环保绩效。

一是企业在遵循环境保护法律时，应通过改进生产工艺和技术，减少资源消耗和污染排放，降低环境治理成本和环保罚款风险。企业应积极采用清洁生产技术和循环经济模式，减少生产过程中对环境的负面影响，同时通过环境管理体系的建立，提升企业的环保管理水平，确保在法律规定的范围内进行生产经营。此外企业还应通过环保投资和技术创新，提升环保设施的效率和效益，实现环保与经济效益的双赢。

二是环境保护法律对企业财务管理的影响还体现在企业的社会责任和市场声誉上。企业在遵循环境保护法律的同时应通过环保措施的实施和环保绩效的提升，增强企业的社会责任感和市场竞争力。企业可以通过发布环境报告、参与环保公益活动等方式，展示企业的环保形象，提升市场声誉，吸引更多的投资和客户支持。此外企业在进行财务管理时，应将环境保护成本纳入预算和财务计划，合理安排环保资金，确保环境保护措施的顺利实施，减少环境保护法律带来的财务风险，保障企业的可持续发展。

法律环境对企业财务管理的影响是多方面的，通过对合规管理、税收政策、知识产权保护、劳动法以及环境保护法律等方面的深入分析，企业可以更好地理解法律环境对财务管理的深远影响，并采取相应的措施进行应对。在实际操作中，企业应建立健全的法律环境分析和合规管理机制，及时调整财务管理策略，以适应不断变化的法律环境，确保财务管理的合法性和有效性。未来随着法律环境的进一步复杂化和严格化，企业在财务管理中面临的法律挑战将更加严峻，这要求企业不断提升财务管理的法律意识和合规能力，以应对新的挑战，为企业的可持续发展提供有力的法律支持和财务保障。

第四节 财务管理的基础观念

一、货币时间价值

货币时间价值是财务管理中的核心观念之一，它强调了货币在不同时间点上的价值差异。简单而言，货币时间价值指的是相同金额的货币在不同时点上的实际价值不同，通常表现为现值和未来值的差异。货币时间价值观念的提出，是基于资金的机会成本、通货膨胀、风险和不确定性等因素。在财务决策中，货币时间价值的应用至关重要，无论是投资决策、资本预算、还是融资策略，均需要考虑这一基础观念。理解并正确应用货币时间价值，有助于企业更好地进行资金管理、优化资源配置，实现企业价值最大化的目标。

（一）货币时间价值的基本原理

货币时间价值的基本原理基于一个关键假设，即货币的当前价值大于未来的相同金额。这种假设源于多个经济因素，包括机会成本、通货膨胀和风险的不确定性。机会成本意味着将资金现在投入使用可以带来投资收益，而不是将其留待未来。通货膨胀则导致未来货币的购买力下降，因此当前货币更有价值。同时未来的不确定性和风险也使得人们更倾向于拥有当前的资金，以应对潜在的经济变化。一是货币时间价值的基本原理为财务管理中的许多决策提供了理论依据。企业在进行投资决策时，需要计算未来现金流的现值，以确定投资的可行性和盈利性。例如企业在评估一项长期投资时，需要考虑未来收益的现值，通过折现率的应用，将未来的收益转换为现时价值，进而判断投资的合理性和回报率。二是货币时间价值的基本原理还对企业的融资决策产生深远影响。在融资决策中，企业需评估不同融资方案的现值成本，以选择最优的融资方式。例如企业可以通过计算不同贷款方案的现值成本，来决定是选择短期融资还是长期融资，以最小化融资成本并提高财务灵活性。此外货币时间价值的基本原理还可以帮助企业在经营管理中进行合理的资金安排和调度，确保资金的最优配置和使用，提高企业的财务绩效和市场竞争力。

（二）现值和未来值的计算方法及其应用

现值和未来值是货币时间价值的两个重要概念，分别表示某一金额在当前和未来时间点上的价值。现值是指将未来某一时间点的现金流或收益，通过折现率折算为当前的价值；而未来值则是将当前的资金通过一定的收益率或利率增长至未来某一时点的金额。这两个概念在财务管理中被广泛应用，用于评估投资项目、确定融资方案、制订预算计划等。一是企业在进行投资决策时，现值和未来值的计算方法为其提供了量化分析工具。通过现值计算，企业可以将未来不确定的收益转化为当前的确定价值，从而评估投资的可行性。例如企业在决定是否投资一个长期项目时，可以计算该项目未来收益的现值，并将其与当前投资成本进行比较，判断项目的盈利性和风险性。未来值的计算则帮助企业预测当前投资在未来带来的收益，通过对比不同投资方案的未来值，企业可以选择回报最高的投资项目。二是现值和未来值的计算方法还在企业的资本预算和融资决策中发挥重要作用。企业在制定资本预算时，需要评估各个投资项目的现值和未来值，以合理分配有限的资金资源。通过现值和未来值的计算，企业可以确定最优的资金使用策略，最大化投资回报。此外企业在选择融资方式时，也需考虑现值和未来值的因素。例如企业在选择发行债券或股票时，可以通过计算不同融资方案的现值成本，来决定最优的融资结构，降低融资成本，提升企业的财务灵活性和市场竞争力。

（三）折现率的确定及其对财务决策的影响

折现率是计算现值的关键参数，它反映了资金的时间价值和风险水平。折现率的确定涉及多种因素，包括市场利率、风险溢价、企业的资本成本等。折现率越高，现值越低，反之亦然。因此折现率的选择对财务决策有着重要影响，直接关系到投资项目的可行性分析和财务决策的科学性。一是企业在确定折现率时，应综合考虑市场环境和企业自身的风险特征。市场利率是折现率的基础，它反映了社会资金的平均时间价值。企业可以根据当前市场利率水平，结合企业自身的资本成本，确定合理的折现率水平。此外企业还应考虑投资项目的风险特征，通过加上适当的风险溢价，调整折现率的水平，以反映项目的实际风险和不确定性。例如对于风险较高的投资项目，企业应采用较高的折现率，以充分考虑风险因素对项目现值的影响。二是折现率的选择对企业的财务决策具有深远影响。企业在进行投资项目的可行性分析时，折现率的高低直接影响项目的现值和净现值（NPV），进而决定项目的最终决策。较低的折现率使得项目现值偏高，从而提高项目通过可行性分析的概率；而较高的折现率则使项目现值偏低，从而否决潜在的投资机会。因此企业在确定折现率时，应谨慎评估各项影响因素，确保折现率的科学性和合理性，避免因折现率不当导致的错误财务决策。此外折现率的确定还影响企业的融资成本和资本结构优化，通过合理确定折现率，企业可以有效降低融资成本，优化资本结构，提升财务绩效。

（四）复利与单利的差异及其在财务管理中的应用

复利和单利是计算未来值和现值的两种不同方法。单利是指利息只计算在最初的本金上，而复利则是利息不仅计算在本金上，还包括前期所积累的利息。复利的作用使得资金的增长速度加快，因此在长期投资中，复利的影响显著大于单利。在财务管理中，理解复利和单利的差异对于正确评估投资回报、制订融资计划具有重要意义。一是企业在进行长期投资决策时，应优先考虑复利的效果。复利能够显著增加投资的最终回报，因此企业在评估长期投资项目时，应充分利用复利的计算方法，预测投资的未来价值和收益。例如企业在进行养老金计划、长期债券投资等决策时，可以采用复利计算方式，准确评估投资回报，确保决策的科学性和合理性。相比之下，单利计算方式更适用于短期投资和简单利息计算，不适合复杂的长期投资分析。二是复利与单利的差异还对企业的融资决策产生影响。企业在选择贷款方案时，通常会遇到单利和复利计算方式的区别。复利贷款会随着时间的推移，使得利息成本不断累积，增加企业的财务负担。因此企业在选择贷款时，需谨慎评估复利的影响，选择最优的融资方式，以降低融资成本。此外企业还可以通过提前还款、调整还款计划等方式，减少复利对贷款成本的累积效应，优化财务管理。复利的应用还体现在企业的资本积累和资金管理中，通过利用复利效应，企业可以实现资金的快速增值，提升资本运作效率，增加财务收益。

（五）货币时间价值在企业战略管理中的应用

货币时间价值不仅仅是财务管理中的基础观念，它在企业的战略管理中也具有重要应用价值。企业在制定长期发展战略和短期经营策略时,都需要考虑货币时间价值的影响,通过合理的时间价值分析,优化企业的资源配置和战略决策。货币时间价值的应用,有助于企业在复杂多变的市场环境中保持竞争优势,实现可持续发展。一是企业在制定长期战略目标时,应充分考虑货币时间价值的影响。企业的长期战略通常涉及大规模投资、资本扩张和市场开拓等内容,这些战略决策的成败往往取决于对未来现金流的准确预测和现值分析。通过货币时间价值分析,企业可以合理评估各项战略投资的回报和风险,确定最优的战略方案,实现企业的长远发展目标。此外企业还应结合时间价值分析,调整资源配置和资本运作策略,提高战略执行的有效性和效率。二是货币时间价值在企业的短期经营策略中同样具有重要作用。企业在日常经营管理中,需要进行预算编制、成本控制、资金调度等多项财务决策,这些决策都需要考虑时间价值的影响。例如企业在制定销售政策和定价策略时,可以通过分析未来收入的现值,确定合理的定价方案,增加销售收入和利润。企业还可以通过合理的资金调度和现金流管理,优化短期财务策略,提高资金使用效率,减少时间成本和机会成本。此外企业在应对市场变化和竞争压力时,也需通过时间价值分析,灵活调整经营策略,保持财务稳健性和市场竞争力,确保企业在复杂多变的市场环境中取得长期成功。

货币时间价值是企业财务管理中的核心观念,通过对其基本原理、现值和未来值的计算方法、折现率的确定、复利与单利的差异以及货币时间价值在企业战略管理中的应用的深入分析,企业可以更好地理解和应用这一观念,为财务决策提供坚实的理论基础。在实际操作中,企业应将货币时间价值观念贯穿于财务管理的各个环节,通过科学合理的财务决策,优化资金配置,提高财务绩效,增强市场竞争力。未来随着市场环境的不断变化和企业经营模式的不断创新,货币时间价值的应用将更加广泛和深入,企业需不断提升对这一观念的理解和运用能力,为企业的可持续发展提供有力支持和保障[①]。

二、风险的含义、分类及应对策略

在企业财务管理中,风险是一个不可避免的因素。风险的存在意味着未来结

---

①龙敏,黄叙.财务管理[M].成都:四川大学出版社,2022:35.

果的不确定性，它会导致企业无法实现预期的财务目标，甚至带来损失。理解风险的含义、识别不同类型的风险，并制定有效的应对策略，是企业确保财务稳健性和可持续发展的关键。随着市场环境的不断变化和全球化进程的加快，企业面临的风险种类和复杂性也在增加。因此企业需要对风险有全面的认识，通过科学的风险管理方法，降低风险对企业财务的负面影响，保障企业的长期健康发展。

（一）风险的基本含义

风险的基本含义指的是未来结果的不确定性，即实际结果与预期结果之间存在的偏差。风险的存在使得企业在进行财务决策时，面临一定程度的不确定性和潜在的损失。风险可以来源于多种因素，包括市场波动、政策变化、自然灾害、技术革新等，这些因素的不可预测性和不确定性，决定了风险的广泛性和复杂性。一是企业在理解风险的基本含义时，需要认识到风险并非完全消极的存在，而是伴随着机会的双刃剑。虽然风险带来损失，但同时也伴随着更高的回报。企业在进行财务管理时，需要通过科学的分析和判断，合理评估风险与收益之间的平衡，从而在风险可控的范围内，实现财务目标的最大化。二是风险的基本含义还要求企业在管理过程中，具备充分的风险意识和防范能力。企业管理者应通过不断的学习和实践，提升自身对风险的识别、评估和应对能力。企业还应通过建立健全的风险管理制度，明确各类风险的管理流程和责任分工，确保在风险发生时，能够迅速采取有效的应对措施，减少风险带来的不利影响。此外企业还应通过定期的风险评估和审计，及时发现潜在的风险点，并采取相应的预防措施，确保财务管理的稳健性和持续性。

（二）风险的分类与识别

风险的分类是企业进行有效风险管理的基础，不同类型的风险具有不同的特征和影响，需要采用不同的管理方法。一般而言，企业面临的风险可以分为市场风险、信用风险、操作风险和流动性风险等多个类别。每一种风险都对企业的财务状况和经营成果产生不同程度的影响，因此企业需要通过系统的风险识别，确定各类风险的性质和范围，以便制定相应的应对策略。一是市场风险是企业面临的最常见的风险之一，通常包括价格波动、汇率变化、利率波动等因素。市场风险的不可预测性使得企业在进行投资和融资决策时，面临较大的不确定性。企业在进行市场风险管理时，应通过风险对冲、分散投资、套期保值等手段，降低市场波动对企业财务的影响。二是信用风险是指借款人或交易对手无法履行合同义务，导致企业面临损失的风险。信用风险主要存在于企业的融资活动和供应链管理中，企业在进行信用风险管理时，应通过信用评估、合同管理、信用保险等手段，确保交易对手的信用可靠性，降低违约风险。此外操作风险是由于企业内部管理不善、人员错误或系统故障等原因导致的风险，这种风险对企业的内部控制和管理效率提出了更高的要求。企业应通过完善的内部控制体系、员工培训和信息技术支持，降低操作风险的发生概率。流动性风险则是指企业无法及时获取足够资金以满足短期偿债需求的风险，企业应通过合理的资金管理和流动性安排，确保在各种市场环境下都能保持足够的现金流动性。

（三）风险评估的方法与工具

风险评估是企业进行风险管理的重要环节，它通过定量和定性的分析方法，帮助企业识别和评估潜在的风险，确定风险的严重性和可能性，并为后续的风险管理决策提供依据。常用的风险评估方法包括敏感性分析、情景分析、压力测试和蒙特卡洛模拟等，这些方法能够为企业提供不同风险情境下的财务状况预测和分析结果。一是企业在进行风险评估时，应选择适合自身特点的评估方法。敏感性分析是一种定量分析方法，通过分析关键变量的变化对企业财务状况的影响，帮助企业识别最具影响力的风险因素。情景分析则通过构建不同的市场和经济情景，评估企业在不同情景下的财务表现，为企业制定应对策略提供参考。二是压力测试是一种极端情景分析方法，通常用于评估企业在极端市场条件下的财务稳健性。企业通过压力测试可以了解在最不利的市场条件下，企业的风险承受能力和应对能力，从而制定更为稳健的风险管理策略。蒙特卡洛模拟是一种复杂的定量风险评估工具，它通过大量随机变量的模拟计算，帮助企业评估风险的分布情况和可能性，为企业的财务决策提供数据支持。此外企业还可以通过风险地图和风险矩阵等工具，直观地展示各类风险的严重性和可能性，为风险管理决策提供参考依据。企业应结合自身的实际情况，选择合适的风险评估方法和工具，以确保风险评估的科学性和有效性。

（四）风险应对策略的制定与实施

风险应对策略是企业在识别和评估风险后，采取的具体管理措施和行动计划。风险应对策略的制定和实施，直接关系到企业在风险发生时的应对能力和损失控制水平。一般而言，风险应对策略可以分为风险规避、风险控制、风险转移和风险承受四种基本类型。每一种应对策略都有其适用的条件和局限性，企业应根据具体风险的性质和影响，选择最适合的应对策略。一是风险规避是一种消极的风险应对策略，通常适用于高风险、高损失的情境。企业通过放弃或停止某项业务活动，来避免潜在风险的影响。例如企业可以通过放弃进入高风险市场、停止高风险投资项目等方式，规避市场风险的影响。风险控制则是一种积极的风险应对策略，通过加强内部控制和管理，提高企业的风险承受能力，减少风险事件发生的概率和影响。二是风险转移是一种将风险转移给第三方的应对策略，通常通过保险、合同转移等方式实现。例如企业可以通过购买保险，将自然灾害、意外事故等风险转移给保险公司，从而降低自身的财务损失。企业还可以通过合同条款，将部分风险转移给合作伙伴或供应商，减少企业的风险暴露。风险承受则是企业在风险无法规避、控制或转移时，采取的一种应对策略。企业在选择风险承受策略时，应确保有足够的财务资源和应急预案，以应对风险损失。此外企业应通过建立应急管理机制和风险管理团队，确保在风险事件发生时，能够迅速响应和处理，降低风险对企业财务的负面影响。

（五）风险管理的组织与文化建设

风险管理不仅是企业财务管理中的一项技术性工作，更是一项需要全员参与和持续改进的管理活动。企业在进行风险管理时，除了制定科学的管理制度和应对策略外，还需要建立健全的风险管理组织体系和风险文化。通过风险管理的组织与文化建设，企业可以提升全员的风险意识，形成良好的风险管理氛围，从而提高企业的整体风险管理水平。一是企业在风险管理的组织建设中，应设立专门的风险管理部门或风险管理岗位，明确各级管理人员的风险管理职责。企业还应建立风险管理委员会或风险管理工作组，负责企业整体风险管理的协调和决策。此外企业应通过定期的风险培训和演练，提高员工的风险意识和应对能力，确保在风险事件发生时，各部门能够协同合作，有效应对。二是风险管理的文化建设对于企业的长期风险管理能力提升具有重要意义。企业应通过制度建设和管理实践，逐步形成以风险管理为核心的企业文化，鼓励员工主动识别和报告风险问题，积极参与风险管理活动。企业还应通过奖励机制和激励措施，激发员工在风险管理中的积极性和创造性，推动全员参与风险管理。企业管理层应以身作则，树立良好的风险管理榜样，带动全员共同提升风险管理水平。此外企业应定期评估风险管理文化的实施效果，及时调整和改进风险管理策略和方法，确保风险管理文化的持续改进和深化，推动企业在复杂多变的市场环境中实现稳健发展。

风险的含义、分类及应对策略是企业财务管理中的重要内容。通过对风险的基本含义、风险的分类与识别、风险评估的方法与工具、风险应对策略的制定与实施以及风险管理的组织与文化建设等方面的深入分析，企业可以更好地理解和应对风险，为财务决策提供坚实的基础。在实际操作中，企业应结合自身的行业特点和市场环境，建立健全的风险管理体系，科学评估和应对各类风险，确保财务管理的稳健性和可持续性。未来随着市场环境的变化和企业经营模式的多样化，风险管理将面临新的挑战和机遇，企业需不断提升风险管理的技术水平和组织能力，以应对复杂多变的市场环境，确保企业的长期健康发展。

三、成本性态

成本性态是企业财务管理中的一个重要概念，它反映了成本在企业经营活动中的变化规律。理解和掌握成本性态对于企业制定合理的预算、控制生产成本、优化资源配置具有重要意义。成本性态主要包括固定成本、变动成本和混合成本，这些成本类型在企业的不同生产活动和经营决策中表现出不同的特点和变化规律。企业在进行成本管理时，必须深入分析成本性态，以制定科学的成本控制措施，提高企业的经济效益。以下详细探讨成本性态的基本概念、分类及其在企业财务管理中的应用，分析企业如何通过有效的成本管理，实现成本优化和利润最大化的目标。

（一）固定成本的定义与管理

固定成本是指企业在一定时期内，无论生产或销售的数量如何变化，都保持相对固定不变的成本。这类成本包括租金、设备折旧、管理人员工资等。固定成本的特点是其在一定产量范围内不随产量的变化而变化,因此固定成本的管理对于企业的成本控制和财务管理具有重要意义。一是企业在管理固定成本时,需要明确固定成本的构成和范围。固定成本的固定性使其对企业的财务状况具有较大的影响,特别是在企业产量较低时,固定成本分摊到每单位产品上的成本较高,导致企业的单位成本上升。因此企业在进行固定成本管理时,应通过精细化管理,降低固定成本的占比,提升企业的成本控制能力和市场竞争力。企业可以通过评估现有固定成本项目的必要性,削减或优化不必要的开支。例如企业可以重新谈判租金合同,优化设备的使用周期,以减少固定成本的压力。此外企业还可以通过加强固定资产的管理,延长其使用寿命,从而在长期内减少固定成本的支出。二是企业在进行固定成本管理时,还应注重固定成本的合理规划和控制。固定成本的长期性和不可变性要求企业在进行投资决策时,充分考虑固定成本的影响,避免过度投资导致固定成本负担过重。企业可以通过优化生产布局、合理安排固定资产投资、提高设备利用率等手段,降低固定成本的绝对水平。同时企业还应通过创新管理模式,优化组织结构,减少不必要的管理费用和固定支出,提高企业的固定成本管理效率。此外企业应定期对固定成本进行分析和审计,确保固定成本的合理性和控制水平,为企业的长期稳健发展奠定基础。企业还可以借助信息化手段,采用企业资源规划(ERP)系统来实时监控和分析固定成本的变化,以更好地制定和调整成本管理策略。

(二)变动成本的特点与控制

变动成本是指随生产或销售的数量变化而变化的成本。这类成本包括原材料、生产工人工资、运输费用等。变动成本的特点是其与产量或销售量呈正比例变化,即产量越高,变动成本越大;产量越低,变动成本越小。变动成本的控制对于企业在竞争激烈的市场环境中保持成本优势具有重要作用。一是企业在控制变动成本时,应明确变动成本的构成和变化规律。变动成本的可变性使其对企业的利润水平具有直接影响,企业应通过优化供应链管理、提高生产效率、降低原材料成本等手段,减少变动成本的上升压力。例如企业可以通过集中采购、规模化生产、引入先进技术等方式,降低单位产品的变动成本,提高企业的利润空间。企业还可以通过加强与供应商的合作，建立长期稳定的合作关系，以获得更有利的采购条件，降低原材料的采购成本。此外企业还可以通过精益生产和精益管理的实施，减少生产过程中的浪费和不必要的成本支出。二是企业在变动成本控制中，还应注重生产流程的优化和管理。变动成本的变化通常与生产工艺、产品设计、员工技能等因素密切相关，企业应通过流程再造、技术升级、员工培训等措施，优化生产流程，减少不必要的浪费和成本支出。同时企业还可以通过制定科学的成本预算和成本控制标准，强化对变动成本的动态监控，及时发现和纠正成本异常现象，确保变动成本的合理控制。企业可以通过引入先进的生产管理系统，如制造执行系统（MES），实现生产过程的实时监控和优化，提高生产效率，降低生产成本。此外企业还应积极开展全员成本管理培训，增强员工的成本意识，激励员工在日常工作中主动寻找降低变动成本的机会。

（三）混合成本的分析与管理

混合成本是指同时具有固定成本和变动成本特征的成本。这类成本的固定部分在一定产量范围内保持不变，而变动部分则随产量的变化而变化。混合成本的管理相对复杂，企业在进行成本管理时，需要对混合成本进行科学的分解和分析，以制定有效的成本控制措施。一是企业在分析混合成本时，应通过成本分解方法，将混合成本中的固定部分和变动部分分别识别和计算。常用的成本分解方法包括高低点法、回归分析法等，这些方法能够帮助企业准确地识别混合成本的构成和变化规律。例如企业在进行销售费用分析时，可以通过分解销售人员的工资和佣金，分别计算固定成本和变动成本，以制定针对性的成本控制措施。企业还可以通过历史数据分析，利用统计方法对混合成本的各个组成部分进行分解，从而更准确地掌握其变化规律。通过这些分析方法，企业可以识别混合成本的关键驱动因素，进而制定更加精准的成本控制措施。二是企业在管理混合成本时，还应注重成本控制措施的灵活性和适应性。由于混合成本具有固定成本和变动成本的双重特性，企业应根据不同的生产和市场环境，灵活调整成本管理策略。例如在市场需求上升、产量增加时，企业可以通过提高生产效率、优化资源配置等方式，降低混合成本的单位成本；而在市场需求下降、产量减少时，企业应注重控制固定成本的上升，避免混合成本的过度膨胀。企业还可以通过灵活的成本预算和调整机制，根据实际情况及时调整成本控制策略。例如在销售旺季，企业可以增加资源投入，以应对市场需求的快速增长；而在淡季，企业则应缩减不必要的开支，降低固定成本负担，确保企业的财务健康和可持续发展。此外企业还应通过定期的成本分析和成本审计，及时调整混合成本的管理措施，确保混合成本的合理控制，为企业的财务稳健性和市场竞争力提供支持。

（四）成本性态分析在财务决策中的应用

成本性态分析是企业在进行财务决策时的重要工具，它通过对不同类型成本的分析和分类，帮助企业准确评估各类成本对财务决策的影响，为企业制定科学的财务决策提供依据。成本性态分析在企业的定价决策、生产决策、投资决策等方面具有广泛的应用价值。一是企业在进行定价决策时，可以通过成本性态分析，确定产品或服务的最低价格和最优价格。通过分析固定成本、变动成本和混合成本的构成，企业可以计算产品的边际成本和总成本，确定在不同市场环境下的合理定价区间。例如企业可以通过成本性态分析，确定产品在不同销售量下的价格敏感性，制定最优的价格策略，提高市场竞争力和利润空间。企业还可以通过成本性分析，评估竞争对手的成本结构和定价策略，制定有针对性的市场竞争策略。例如企业可以通过分析竞争对手的固定成本和变动成本，预测其在价格战中的反应，进而制定更加灵活的定价方案，确保在竞争中保持优势地位。二是成本性态分析在生产决策中同样具有重要作用。企业在制定生产计划时，可以通过成本性分析，评估不同产量水平下的成本结构和盈利能力。通过分析固定成本、变动成本和混合成本的变化规律，企业可以确定最优的生产规模和资源配置方案，实现生产成本的最小化和产出效益的最大化。此外企业还可以通过成本性分析，评估不同投资项目的成本效益，确定最优的投资组合和资本运作策略，确保财务决策的科学性和合理性。企业可以利用成本性态分析，模拟不同生产决策对成本和利润的影响，选择最优的生产策略，确保在市场需求波动的情况下仍能保持较高的盈利水平。此外成本性态分析还可以帮助企业优化供应链管理，通过合理安排生产和采购计划，减少库存成本和物流成本，提高企业的整体运营效率。

（五）成本性态在预算管理中的作用

预算管理是企业财务管理中的重要环节，通过科学的预算编制和执行，企业可以有效控制成本，提高资源利用效率，增强财务稳健性。成本性态在预算管理中具有重要作用，它通过对成本的分类和分析，帮助企业准确预测未来的成本变化，为预算编制和执行提供依据。

一是企业在编制预算时，可以通过成本性分析，确定各类成本的预算目标和控制标准。通过分析固定成本、变动成本和混合成本的构成和变化规律，企业可以制定合理的成本预算，确保预算的科学性和可执行性。例如企业可以通过成本性态分析，预测在不同销售量下的成本支出，制定相应的预算计划，确保在市场环境变化时，能够灵活调整预算目标和执行方案。企业还可以利用成本性分析，模拟不同市场情景下的成本变化情况，制定多种预算方案，以应对市场的不确定性和波动性。例如在市场需求不确定的情况下，企业可以制定多个预算方案，分别考虑不同的市场情景和销售量，从而确保在不同市场条件下，企业都能保持较高的财务灵活性和稳定性。

二是成本性态在预算执行中的作用同样重要。企业在执行预算时，可以通过成本性态分析，监控各类成本的实际支出情况，及时发现和纠正预算执行中的偏差。通过对固定成本、变动成本和混合成本的动态监控，企业可以确保预算的执行效果，避免成本超支和预算失控现象的发生。此外企业还可以通过成本性分析，评估预算执行的效果，制定改进措施，提升预算管理的整体水平，确保企业的财务稳健性和市场竞争力。企业还可以借助成本性态分析，优化预算控制流程，提高预算执行的精确性和效率。例如企业可以通过引入预算管理系统，实时监控各类成本的实际支出情况，及时发现和处理预算偏差，确保预算的执行效果。此外企业还可以通过成本性态分析，识别和评估预算执行中的关键风险点，制定相应的风险管理策略，确保预算的顺利执行和企业的财务健康。

成本性态是企业财务管理中的一个重要概念，通过对固定成本、变动成本、混合成本的定义、特点、分析与管理的深入探讨，企业可以更好地理解和应用成本性态，为财务决策和预算管理提供坚实的基础。在实际操作中，企业应结合自身的行业特点和市场环境，建立健全的成本管理体系，科学评估和控制各类成本，确保财务管理的稳健性和可持续性。

第二章 财务预算编制与执行工作

第一节 对预算的基本认识

一、预算形式的选择

财务预算作为企业管理的重要工具，是企业规划未来发展、控制运营成本、提升经济效益的重要手段。在预算编制过程中，预算形式的选择对于企业能否实现预期目标至关重要。不同的预算形式适用于不同的企业环境、管理需求和战略目标。因此企业在选择预算形式时，必须综合考虑企业的经营特点、市场环境和财务目标，以确保预算的有效性和可操作性。以下详细探讨预算形式的定义、分类及其在企业管理中的应用，分析企业如何通过选择适合的预算形式，优化资源配置，实现财务目标的最大化。

（一）传统预算形式与其适用性

传统预算形式是企业预算编制中较为常见的一种方法，它通常以历史数据为基础，通过对过去一段时间内企业的收入和支出情况进行分析，预测未来的财务需求。这种预算形式的优点在于其编制过程相对简单，数据易于获取，且能够为企业提供一定的参考依据。然而传统预算形式也存在一些局限性，特别是在市场环境变化较快的情况下，历史数据无法准确反映未来的市场需求和财务状况。一是企业在选择传统预算形式时，应评估其适用性。传统预算形式适用于市场环境相对稳定、企业经营模式成熟、收入和成本结构较为固定的企业。通过基于历史数据的预算编制，企业可以在一定程度上预测未来的财务状况，并据此制定经营计划和资源配置策略。然而对于那些市场变化频繁、业务模式灵活的企业，传统预算形式无法充分反映市场的动态变化，从而导致预算的偏差。二是传统预算形式在实际应用中，需要结合企业的具体情况进行调整和优化。例如企业可以在传统预算的基础上，增加一定的市场调研和预测分析，以提高预算的准确性和科学性。同时企业还应加强对预算执行情况的动态监控，及时调整预算目标和计划，以应对市场环境的变化。此外传统预算形式还可以与其他预算形式相结合，如零基预算、滚动预算等，以弥补其在预测性和灵活性方面的不足，确保预算的有效性和可操作性。

（二）零基预算的特点与应用

零基预算是一种创新的预算编制方法，与传统预算形式不同，它并不依赖于历史数据，而是从"零"开始，重新评估每一项收入和支出的必要性。这种预算形式要求企业在编制预算时，对所有的预算项目进行详细分析和论证，确保每一项支出都有其合理性和必要性。零基预算的优点在于其能够帮助企业发现和消除不必要的支出，优化资源配置，提高预算的透明度和科学性。一是企业在应用零基预算时，应明确其特点和适用范围。零基预算适合于那些希望通过预算编制过程，全面审视和优化资源配置的企业。特别是在企业面临资源紧张、成本压力较大的情况下，零基预算能够帮助企业重新评估各项支出的优先级，集中资源支持企业的核心业务和战略目标。然而零基预算的编制过程较为复杂，要求企业具备较强的数据分析能力和管理经验，因此企业在选择零基预算时，应结合自身的管理能力和资源条件，确保预算编制过程的顺利进行。二是零基预算的实施需要企业的各级管理层共同参与和支持。由于零基预算涉及对每一项支出的重新评估和论证，因此企业在实施零基预算时，需要通过建立跨部门的预算编制团队，确保各部门能够在预算编制过程中提供必要的支持和配合。同时企业还应通过加强培训和沟通，提升员工对零基预算的理解和支持，确保预算编制的顺利实施。此外企业还可以通过信息化手段，借助预算管理软件和系统，提升零基预算的编制效率和数据准确性，确保预算的科学性和可操作性。

（三）滚动预算的灵活性与优势

滚动预算是一种灵活的预算编制形式，它不同于传统的年度预算，而是通过定期（如每季度、每月）对预算进行调整和更新，确保预算能够及时反映市场和企业内部环境的变化。滚动预算的优点在于其灵活性和动态性，能够帮助企业在快速变化的市场环境中，保持预算的实时性和有效性。一是企业在选择滚动预算时，应评估其优势和适用性。滚动预算适合于市场环境不确定性较高、业务发展迅速的企业。通过定期更新预算，企业可以根据市场需求、销售预测和内部管理的变化，及时调整预算目标和计划，确保预算能够反映最新的市场情况和企业经营状态。然而滚动预算的编制和管理较为复杂，要求企业具备较强的数据分析和预测能力，同时也需要各部门的密切配合。因此企业在选择滚动预算时，应结合自身的管理能力和市场环境，确保预算编制的灵活性和科学性。二是滚动预算的实施需要企业建立完善的预算管理体系和流程。企业在实施滚动预算时，应通过建立定期的预算评估和调整机制，确保预算的动态更新和调整。例如企业可以通过季度预算评估会议，对上一季度的预算执行情况进行分析和总结，结合市场预测和内部管理的变化，对下一季度的预算进行调整和更新。同时企业还应通过信息化手段，提升滚动预算的编制效率和数据准确性，确保预算的实时性和可操作性。此外企业在实施滚动预算时，还应注重预算执行的监控和反馈，及时发现和纠正预算执行中的偏差，确保预算的有效性和执行效果。

（四）弹性预算的特点与应用场景

弹性预算是一种基于业务量变动而调整的预算编制形式，它允许企业根据实际的业务量或市场条件，灵活调整预算目标和计划。弹性预算的优点在于其适应性强，能够帮助企业在业务量波动较大的情况下，保持预算的可操作性和财务控制的有效性。一是企业在选择弹性预算时，应明确其特点和应用场景。弹性预算适合于那些业务量不稳定、市场环境变化较快的企业。例如季节性业务明显的企业、项目型企业等，通过弹性预算，企业可以根据实际的销售量、生产量等关键指标，灵活调整预算支出和收入，确保财务管理的合理性和灵活性。然而弹性预算的编制过程较为复杂，要求企业具备较强的业务预测能力和数据分析能力。因此企业在选择弹性预算时，应结合自身的业务特点和市场环境，确保预算编制的科学性和可操作性。二是企业在实施弹性预算时，还应注重预算管理的灵活性和适应性。企业可以通过建立动态的预算调整机制，根据业务量或市场条件的变化，及时调整预算目标和计划。例如企业可以根据实际的销售情况，调整市场推广费用和生产成本，确保预算支出与业务量相匹配。同时企业还应通过信息化手段，提升预算编制的效率和数据准确性，确保预算的实时性和可操作性。此外企业在实施弹性预算时，还应加强对关键业务指标的监控和分析，及时发现和应对市场环境的变化，确保预算的有效性和执行效果。

（五）增量预算与其应用的局限性

增量预算是一种基于上年预算基础上，进行适当调整和增加的预算编制形式。增量预算的优点在于其编制过程相对简单，易于操作，且能够为企业提供一定的财务稳定性。然而增量预算也存在一些局限性，特别是在市场环境变化较大、企业经营模式调整的情况下，增量预算无法充分反映市场的动态变化和企业的实际需求。一是企业在选择增量预算时，应评估其适用性和局限性。增量预算适合于市场环境相对稳定、企业经营模式成熟、预算调整幅度较小的企业。通过基于上年预算的适当调整，企业可以在一定程度上保持预算的连续性和稳定性。然而增量预算的局限性在于其容易导致预算的"路径依赖"，即企业在预算编制过程中，过于依赖历史数据，忽视了市场和内部环境的变化，从而导致预算的偏差和不准确。二是企业在实施增量预算时，还应注重对预算调整幅度的合理控制。企业可以通过对市场环境、内部管理和业务发展的综合分析，合理确定预算的调整幅度，确保预算的科学性和可操作性。例如企业可以通过市场调研、财务分析和业务预测，对上年的预算数据进行修正和调整，确保预算能够反映企业的实际需求和市场情况。同时企业还应通过加强对预算执行情况的监控和分析，及时发现和纠正预算执行中的偏差，确保预算的有效性和执行效果。此外企业还可以考虑将增量预算与其他预算形式相结合，如零基预算、滚动预算等，以弥补其在预测性和灵活性方面的不足，确保预算的科学性和可操作性。

预算形式的选择是企业财务预算编制中的一个关键环节，通过对传统预算、零基预算、滚动预算、弹性预算和增量预算等不同预算形式的分析，企业可以更好地理解各类预算形式的特点和适用性，为预算编制和执行提供科学依据。在实际操作中，企业应结合自身的行业特点、市场环境和管理需求，选择最适合的预算形式，确保预算的科学性和可操作性。

二、预算形势的发展变化

随着经济环境的变化和企业管理需求的提升，财务预算的形式和方法也在不断发展和演变。传统的预算编制形式如固定预算和增量预算,虽然在早期企业管理中发挥了重要作用,但随着市场竞争加剧和不确定性增加,这些传统预算形式逐渐暴露出其局限性。为了应对复杂多变的市场环境,企业开始采用更加灵活和动态的预算形式,如滚动预算、零基预算和弹性预算。这些新的预算形式不仅增强了预算的适应性和灵活性,还提高了预算的准确性和科学性。在这个背景下,了解和掌握预算形势的发展变化,对于企业的财务管理和战略规划具有重要意义。

(一) 传统预算形式的演变与局限性

传统预算形式如固定预算和增量预算,在企业财务管理的早期阶段起到了重要的作用。固定预算基于历史数据和既定目标,增量预算则是在上一年度预算的基础上进行适当调整。这些传统预算形式的优点在于其简单易行,适合于市场环境相对稳定的企业。然而随着市场竞争的加剧和企业经营环境的复杂化,传统预算形式逐渐显现出其局限性。一是企业在采用传统预算形式时,往往容易受到"路径依赖"的影响,即过度依赖历史数据,忽视了市场环境和企业内部条件的变化。这种预算方式虽然可以提供一定的财务稳定性,但在市场环境发生重大变化时,容易导致预算偏差,无法及时反映企业的实际需求和市场动态。二是传统预算形式的另一局限性在于其缺乏灵活性。固定预算和增量预算通常是年度制定,一旦预算编制完成,调整的空间有限,难以应对市场的不确定性和突发变化。尤其是在当前市场环境变化频繁的情况下,企业需要更加灵活的预算形式来及时调整经营策略和资源配置,传统预算形式显然无法满足这一需求。此外传统预算形式还存在管理上的刚性,企业各部门在执行预算时,会过于关注预算的完成情况,而忽视了实际的业务需求和市场变化,导致资源配置的低效和财务管理的僵化。因此随着市场环境的变化,企业开始逐渐摒弃单一的传统预算形式,转而采用更加动态和灵活的预算方法。

(二) 零基预算的引入与应用

随着企业管理的精细化和资源优化需求的增加,零基预算逐渐成为企业财务管理中的重要工具。零基预算与传统预算形式最大的不同在于它不依赖历史数据，而是从"零"开始，对每一项支出进行详细分析和论证。零基预算的引入，为企业提供了一种更为科学的预算编制方式，有助于企业发现和消除不必要的支出，优化资源配置。一是零基预算要求企业在编制预算时，从头开始，逐项评估所有预算项目的必要性和合理性。这种预算编制方式能够帮助企业摆脱对历史数据的依赖，从而更好地应对市场变化和内部管理需求。通过零基预算，企业可以重新审视各项支出，削减不必要的费用，集中资源支持核心业务和战略目标，提升企业的整体效益。二是零基预算的应用还可以提高企业的预算透明度和管理水平。由于零基预算需要对每一项预算项目进行详细的论证和分析，因此企业可以在预算编制过程中，加强各部门之间的沟通和协作，提升预算的科学性和合理性。同时零基预算的实施还能够增强企业管理层的责任意识和成本控制能力，推动企业实现精细化管理。尽管零基预算的编制过程较为复杂，且需要耗费较多的时间和人力资源，但其带来的管理改进和成本优化效果，使得越来越多的企业开始采用这一预算形式，特别是在资源紧张、竞争激烈的行业中，零基预算已经成为一种常见的预算编制工具。

（三）滚动预算的普及与发展

滚动预算是应对市场变化的一种有效工具，其特点在于预算编制和调整的频率较高，通常按季度、月度甚至更短的周期进行更新。与传统的年度预算相比，滚动预算的动态性和灵活性显著提高，能够帮助企业更好地应对快速变化的市场环境。一是滚动预算的普及，使得企业在市场环境发生变化时，能够及时调整预算目标和经营策略，避免了固定预算形式的僵化和滞后性。通过滚动预算，企业可以根据最新的市场信息和经营数据，动态调整预算计划，确保预算始终与企业的实际经营状况和市场趋势相一致。这种灵活的预算编制方式，不仅提高了预算的准确性和科学性，还增强了企业的财务管理能力和市场应变能力。二是滚动预算的发展还体现在其在企业管理中的广泛应用。随着信息技术的发展和企业管理水平的提高，越来越多的企业开始采用滚动预算进行财务管理。滚动预算不仅适用于市场环境不确定性较高的企业，还广泛应用于那些需要频繁调整资源配置和经营策略的企业。例如快消品行业、科技行业等高竞争、高变化的行业中，滚动预算已经成为一种重要的预算管理工具。此外滚动预算的实施还能够帮助企业实现资源的优化配置，避免资源的浪费和冗余，提升企业的整体运营效率和财务绩效。

（四）预算管理信息化的趋势

随着信息技术的快速发展，预算管理的信息化趋势愈加明显。预算管理信息化不仅体现在预算编制工具和软件的应用上，更包括预算管理流程的自动化和数据分析的智能化。信息化手段的引入，极大地提升了预算编制的效率和准确性，为企业财务管理带来了深远的影响。一是预算管理信息化的趋势，使得企业能够更加高效地进行预算编制和执行。通过预算管理软件，企业可以实现预算数据的自动采集和分析，减少了手工操作的误差和工作量。此外信息化手段还能够帮助企业进行实时的预算监控和调整，确保预算与实际经营状况的同步性和一致性。例如企业可以通过预算管理系统，实时获取各部门的预算执行情况，及时发现和纠正预算执行中的偏差，提升预算的执行效果和管理水平。二是预算管理信息化还推动了预算编制方式的创新和发展。随着大数据、人工智能等技术的应用，企业可以利用这些先进技术，进行更加精细化和智能化的预算编制和管理。例如通过数据分析和预测模型，企业可以对未来的市场趋势和业务发展进行精准预测，制定更加科学和合理的预算目标。同时信息化手段还能够帮助企业实现预算管理的全流程自动化，从预算编制、审批到执行和监控，全面提升预算管理的效率和准确性。此外预算管理信息化还能够增强企业的协同管理能力，通过信息系统的集成和数据共享，实现各部门之间的协同和沟通，确保预算管理的整体性和协同性。

预算形式的发展变化，是企业适应市场环境和管理需求的必然趋势。从传统的固定预算到动态的滚动预算，从增量预算到零基预算，企业在预算编制方式上的不断创新和调整，反映了企业在应对市场挑战和提升管理水平上的努力。在这个过程中，信息化手段的引入，更是推动了预算管理的高效化和智能化发展。未来随着市场环境的进一步变化和技术的不断进步，预算管理将面临更多的挑战和机遇，企业需要不断探索和实践新的预算编制方式，提升预算管理的灵活性和科学性，确保企业在复杂多变的市场环境中实现持续的财务稳健和经营发展。

三、预算的功能

预算作为企业财务管理的核心工具之一，具有多种功能，这些功能帮助企业实现资源的最优配置、成本的有效控制、绩效的合理评估以及战略目标的实现。在企业的日常运营和长期发展中，预算不仅仅是财务数据的简单罗列，更是企业管理层制定战略和执行决策的重要依据。通过预算，企业可以预见未来的财务状况，制定合理的财务计划，确保在复杂多变的市场环境中保持竞争力和财务稳健性。随着市场环境的变化和企业管理需求的提升，预算的功能也在不断发展和演变。以下详细探讨预算的主要功能及其在企业管理中的应用，帮助企业更好地理解和运用预算工具，提升管理效能和财务绩效。

（一）预算在资源配置中的功能

资源配置是企业实现生产经营目标的基础，预算在资源配置中起着至关重要的作用。通过预算，企业可以将有限的资源进行合理分配，确保各部门和项目的资源需求得到满足，避免资源的浪费和冗余。预算通过对各部门的资源需求进行分析和评估，帮助企业确定资源的优先级和配置比例，从而优化资源的使用效率。

一是企业在进行资源配置时，需要通过预算来确定各项资源的总量和分配方案。预算通过对企业整体战略目标和各部门业务需求的分析，制定出各类资源的预算计划，如资金、人力、物料等。通过这种方式，企业可以确保资源的分配符合战略优先级，支持核心业务的开展，推动企业实现长期发展目标。企业在这一过程中应结合实际的业务需求，科学合理地评估各项资源的分配比例，以确保资源的最优配置。例如对于一个新产品的开发项目，企业应通过预算评估项目所需的研发资金、人力资源以及市场推广费用，并根据项目的战略重要性，分配适当的资源，以确保项目的顺利推进和成功。

二是预算还能够帮助企业在资源配置过程中，进行动态调整和优化。随着市场环境的变化和企业内部管理的需求，企业需要对资源配置进行调整，以适应新的经营环境和管理目标。预算通过定期的评估和调整，确保资源配置的灵活性和适应性。例如当某一部门或项目的资源需求发生变化时，企业可以通过预算调整，及时将资源重新分配到最需要的地方，确保企业整体资源配置的合理性和有效性。企业应建立一个灵活的预算管理机制，允许在年度预算之外进行资源的动态调整，以应对市场的突发变化和企业内部的紧急需求。此外企业还可以通过资源配置的评估和反馈，帮助企业发现资源管理中的问题和不足，制定改进措施，提升资源管理的整体水平。例如通过预算执行情况的分析，企业可以识别出哪些资源配置效率低下或存在浪费，从而采取相应的优化措施，提高资源的利用率。

三是预算在资源配置中的功能还体现在对资源使用效果的监督和评价上。企业可以通过预算对各部门和项目的资源使用情况进行跟踪和监控，确保资源的有效利用。例如通过定期的预算执行报告，企业可以对比各部门实际使用的资源与预算分配的资源，发现资源使用中的偏差，并及时调整资源配置策略。此外企业还可以通过对预算执行结果的评价，识别出资源配置中的最佳实践，并将这些经验推广到其他部门或项目中，进一步优化企业的整体资源配置。

（二）预算在成本控制中的功能

成本控制是企业实现盈利目标的重要环节，而预算在成本控制中扮演着关键角色。通过预算，企业可以制定合理的成本控制目标，监控各项成本的实际支出情况，确保成本控制的有效性和精确性。预算不仅可以帮助企业预见未来的成本支出，还能够为企业制定成本控制策略提供数据支持和管理依据。一是企业在进行成本控制时，需要通过预算来确定各项成本的控制标准和目标。预算通过对历史成本数据和未来市场预测的分析，制定出各项成本的预算额度，确保成本支出的合理性和可控性。通过这种方式，企业可以在经营活动中，严格按照预算控制成本支出，避免超支现象的发生，确保企业的财务稳健性和盈利能力。企业在制定成本控制目标时，应结合实际的经营情况和市场环境，科学地设定各项成本的预算标准。例如对于制造业企业，可以通过分析原材料价格的波动趋势和供应链的管理效率，设定合理的原材料采购成本预算，并制定相应的成本控制措施，以确保企业的生产成本在可控范围内。二是预算还能够帮助企业在成本控制过程中，进行实时监控和调整。企业在经营过程中，各项成本支出的实际情况会与预算存在差异，这就需要通过预算的动态监控，及时发现和纠正成本超支或不合理支出的现象。预算通过成本控制的评估和反馈，帮助企业识别成本管理中的问题和漏洞，制定改进措施，提高成本控制的效率和效果。例如当某一项目或部门的成本支出超过预算时，企业可以通过预算调整，重新分配成本额度，确保整体成本控制的合理性和有效性。企业应建立一个有效的成本监控机制，定期对各项成本的实际支出情况进行对比分析，并根据市场环境的变化和内部管理需求，及时调整成本控制策略。此外企业还可以通过成本控制的结果评估，帮助企业制定更为科学和合理的成本控制策略，提升企业的整体成本管理水平。例如通过对成本控制结果的分析，企业可以发现哪些成本项目存在超支的风险，进而采取相应的控制措施，降低成本超支的可能性。三是预算在成本控制中的功能还体现在对成本结构的优化和管理上。企业可以通过预算分析各项成本的构成和比例，识别出影响成本结构的关键因素，并制定相应的优化措施。例如通过对各部门的成本构成分析，企业可以发现哪些成本项目对整体成本的贡献较大，从而采取针对性的控制措施，优化企业的成本结构。此外企业还可以通过预算制定成本削减计划，识别出那些可以降低或削减的成本项目，并将节省的资金用于支持企业的核心业务或战略目标。例如企业可以通过预算制定节能降耗计划，减少能源消耗和环境成本，从而降低整体成本，提高企业的经济效益。

（三）预算在绩效评估中的功能

绩效评估是企业管理中的一个重要环节，而预算在绩效评估中起到了重要的参考和衡量作用。通过预算，企业可以为各部门和项目设定具体的绩效目标，并在实际运营过程中，对比实际结果与预算目标的差异，进行绩效评估和分析。预算不仅可以帮助企业制定科学合理的绩效目标，还能够为绩效考核提供量化的数据支持和管理依据。一是企业在进行绩效评估时，需要通过预算来设定各项绩效目标。预算通过对企业整体战略目标和各部门业务计划的分析，制定出各项业务的预算指标，如收入、成本、利润等。通过这些预算指标，企业可以为各部门和员工设定明确的绩效目标，确保绩效考核的科学性和合理性。例如企业可以通过预算设定销售部门的业绩目标，并根据实际的销售收入和预算目标进行绩效评估，确定销售部门的绩效水平。企业在制定绩效目标时，应结合实际的市场环境和内部管理需求，设定具有挑战性但可实现的目标，以激励员工和部门不断提升工作效率和绩效水平。二是预算还能够帮助企业在绩效评估过程中，进行差异分析和改进措施的制定。企业在运营过程中，实际的经营结果会与预算目标存在差异，通过预算的差异分析，企业可以识别绩效管理中的问题和不足，制定相应的改进措施。例如当某一部门的实际业绩未达到预算目标时，企业可以通过分析预算与实际的差异，找出问题的原因，并制定相应的改进计划，提升部门的绩效水平。企业应建立一个有效的差异分析机制，定期对各项绩效目标的实际完成情况进行对比分析，并根据分析结果，制定针对性的改进措施。此外企业还可以通过绩效评估的反馈和总结，帮助企业优化绩效管理机制，提升整体的绩效管理水平，确保企业的长期发展目标得以实现。例如通过差异分析，企业可以发现哪些绩效目标设定过高或过低，从而调整绩效考核标准，使之更符合实际情况，提高绩效考核的公平性和科学性。三是预算在绩效评估中的功能还体现在对绩效改进的持续跟踪和管理上。企业可以通过预算对各部门和项目的绩效改进情况进行跟踪和评估，确保绩效改进措施的有效性和持续性。例如通过定期的绩效评估报告，企业可以对比各部门的绩效改进情况与预算目标的差异，发现绩效管理中的问题和不足，并采取相应的改进措施。此外企业还可以通过预算制定绩效激励计划，识别出绩效优异的部门和员工，并给予相应的奖励，以激励全员持续提升绩效水平。例如企业可以通过预算设定绩效奖金和激励计划，激励员工积极参与绩效改进，不断提升工作效率和业绩水平，推动企业整体绩效管理的持续提升。

（四）预算在战略实现中的功能

战略实现是企业管理中的核心目标，而预算在战略实现中起到了关键的支持作用。通过预算，企业可以将战略目标转化为具体的财务计划和行动方案，确保战略目标的实现具有可操作性和可执行性。预算不仅可以帮助企业制定战略实现的财务路线图，还能够为企业的战略决策提供数据支持和风险评估。

一是企业在进行战略实现时，需要通过预算来制定具体的财务计划和行动方案。预算通过对企业整体战略目标的分解和细化，将战略目标转化为具体的预算指标和实施计划，如资本支出、研发投入、市场推广等。通过这些预算指标，企业可以确保战略目标的实现具有明确的财务支持和执行路径，避免战略目标的空洞和虚化。例如企业在制定新市场拓展战略时，可以通过预算确定市场调研、广告宣传、渠道建设等方面的资金投入，并制定详细的预算执行计划，以确保战略目标的顺利实现。企业应结合实际的市场环境和内部管理需求，科学合理地制定各项战略实施计划，确保战略目标的实现具有可操作性和可执行性。

二是预算还能够帮助企业在战略实现过程中，进行风险评估和调整。企业在实施战略过程中，会遇到各种市场风险和管理挑战，这就需要通过预算的风险评估和监控，及时调整战略计划和预算目标，确保战略实现的稳健性和可控性。例如当市场环境发生重大变化时，企业可以通过预算调整，重新评估战略目标的可行性和风险水平，并制定相应的应对措施，确保战略实现的顺利进行。企业应建立一个有效的风险管理机制，通过预算对各项战略计划的实施风险进行评估，并根据市场环境的变化和企业内部管理的需求，及时调整战略计划和预算目标，确保战略实现的稳健性和可控性。例如通过预算评估，企业可以识别出哪些战略计划存在较高的实施风险，并采取相应的风险管理措施，以降低战略实现的风险水平。

三是预算在战略实现中的功能还体现在对战略执行效果的跟踪和评估上。企业可以通过预算对各项战略计划的执行效果进行跟踪和评估，确保战略目标的实现具有持续性和可操作性。例如通过定期的预算执行报告，企业可以对比各项战略计划的实际执行情况与预算目标的差异，发现战略实施中的问题和不足，并采取相应的改进措施。此外企业还可以通过预算制定战略实施的绩效考核标准，识别出那些对战略实现贡献较大的部门和员工，并给予相应的奖励，以激励全员积极参与战略实现，推动企业整体战略目标的实现。例如企业可以通过预算设定战略实施的绩效奖金和激励计划，激励员工积极参与战略实施，不断提升工作效率和业绩水平，推动企业整体战略目标的实现。

预算的功能在企业财务管理中具有重要意义，通过对预算在资源配置、成本控制、绩效评估和战略实现中的功能的详细分析，企业可以更好地理解和运用预算工具，提升管理效能和财务绩效。在实际操作中，企业应结合自身的行业特点、市场环境和管理需求，充分发挥预算的各项功能，确保预算的科学性和可操作性。未来随着市场环境的变化和企业经营模式的不断创新，预算管理将面临更多的挑战和机遇，企业需要不断提升预算管理的技术水平和组织能力，以应对复杂多变的市场环境，确保企业的长期健康发展。

四、预算的原则

在企业管理中,预算作为重要的财务工具,其编制和执行必须遵循一定的原则。这些原则不仅确保了预算的科学性和合理性,还能提高预算的执行效果,促进企业资源的最优配置与战略目标的实现。预算原则的确立,要求企业在编制预算时,必须兼顾全面性、灵活性、前瞻性、持续性和透明性。这些原则的贯彻落实,能使企业更好地应对复杂多变的市场环境,提升财务管理的整体水平。以下详细探讨预算编制和执行过程中应遵循的五大原则,并分析其在实际操作中的重要性和应用方式。

(一) 全面性原则

全面性原则是预算编制中最基本的原则之一,它要求企业在编制预算时,必须覆盖企业所有业务活动和财务收支项目。全面性原则的目的在于确保预算能够全面反映企业的经营状况和财务需求,为企业的战略决策提供全面的支持和依据。一是企业在遵循全面性原则时,需要确保预算覆盖所有的部门和业务单元。无论是生产部门、销售部门,还是行政管理部门,都应纳入预算编制的范围,确保预算能够全面反映企业的各项业务活动。这一原则的落实,有助于企业全面掌握资源的使用情况,避免预算编制过程中出现遗漏或偏差。此外全面性原则还要求企业在预算编制中考虑到所有的财务收支项目,包括收入、成本、费用、资本支出等,确保预算的完整性和准确性。二是全面性原则在实际操作中,要求企业建立健全的预算管理体系,确保各部门和业务单元能够充分参与预算编制过程。企业可以通过设置预算管理委员会或预算编制小组,确保各部门在预算编制过程中能够提供必要的数据和支持,确保预算的全面性和准确性。例如在编制销售预算时,企业需要结合市场调研、历史销售数据和未来市场预测,制定全面的销售收入预算,确保预算能够准确反映企业的市场预期和销售目标。此外企业还可以通过信息化手段,提升预算编制的效率和数据整合能力,确保预算编制过程中各类信息的全面性和一致性。三是全面性原则的实施,还需要企业在预算编制过程中进行全面的风险评估和分析。通过对市场环境、竞争对手、政策变化等外部因素的全面分析,企业可以更好地预测未来的经营风险,并将这些风险纳入预算编制中，确保预算的科学性和前瞻性。例如企业可以通过全面的市场分析，预测未来市场需求的变化趋势，并据此调整生产和销售预算，确保企业能够在市场变化中保持竞争力。此外企业还应通过全面的内部评估，分析各部门的资源需求和运营状况，确保预算能够全面支持企业的业务发展目标。

（二）灵活性原则

灵活性原则是指在预算编制和执行过程中，企业应具备根据实际情况和环境变化进行调整和优化的能力。灵活性原则的重要性在于，企业在市场环境中面临的不确定性和复杂性，需要通过灵活的预算管理来应对各种突发情况和市场变化。一是企业在遵循灵活性原则时，需要确保预算编制过程中留有调整空间。企业在编制预算时，应避免将预算目标设定得过于刚性，而是应结合市场预测和企业自身的经营特点，设定弹性的预算目标，以便在实际执行过程中根据情况进行调整。例如在市场需求波动较大的行业，企业可以通过滚动预算的方式，定期更新和调整预算目标，确保预算能够实时反映市场环境的变化。二是灵活性原则在实际操作中，还要求企业在预算执行过程中具备灵活调整的能力。企业在执行预算时，会遇到市场环境的变化、内部管理的调整或资源需求的变动，这就需要企业能够根据实际情况，及时调整预算目标和计划，确保预算执行的灵活性和有效性。例如当市场需求突然增加时，企业可以通过调整生产预算，增加生产投入，以满足市场需求的变化；而当市场需求下降时，企业可以通过削减开支、优化资源配置，减少预算的浪费和超支。此外企业还可以通过建立灵活的预算管理机制，如预算预警系统、实时监控系统等，提升预算调整的效率和精准度，确保预算执行的灵活性和科学性。三是灵活性原则的实施，还需要企业在预算管理中建立有效的沟通和协调机制。预算的调整和优化，往往需要各部门之间的协同合作，这就要求企业在预算管理过程中，建立健全的沟通机制，确保各部门能够及时共享信息、协同工作。例如企业可以通过定期召开预算评估会议，对预算执行情况进行分析和讨论，结合实际情况，对预算目标和计划进行灵活调整，确保预算执行的顺利进行。此外企业还可以通过信息化手段，建立预算管理系统，实现各部门之间的信息共享和协同管理，提升预算调整的效率和效果，确保预算执行的灵活性和科学性。

（三）前瞻性原则

前瞻性原则是预算编制中一个重要的指导原则，它要求企业在编制预算时，必须考虑到未来的市场环境、行业趋势和政策变化等因素，确保预算能够为企业的长期发展提供支持和指导。前瞻性原则的核心在于通过科学的预测和分析，为企业制定出具有前瞻性的预算目标和战略规划。一是企业在遵循前瞻性原则时，需要进行全面的市场分析和预测。通过对市场环境的深入分析，企业可以预测未来的市场趋势、客户需求和竞争态势，并据此制定出具有前瞻性的预算目标。例如企业在编制销售预算时，可以通过市场调研、行业分析和客户需求预测，制定出未来几个季度或年度的销售预算目标，确保预算能够准确反映市场变化的趋势和企业的战略目标。二是前瞻性原则在实际操作中，还要求企业在预算编制过程中，充分考虑到政策变化、技术进步和行业发展的影响。企业可以通过分析宏观经济环境、政策法规和技术发展趋势，预测未来的经营环境和市场机遇，并将这些预测纳入预算编制中，确保预算的前瞻性和可操作性。例如企业可以通过对国家政策的分析，预测未来出台的税收优惠、环保政策等，并据此调整企业的投资预算和运营计划，以充分利用政策机遇，提升企业的市场竞争力。此外企业还可以通过技术进步和行业发展的趋势预测，制定出未来的研发预算和技术投资计划，确保企业能够在技术变革中保持领先地位。三是前瞻性原则的实施，还需要企业在预算管理中加强信息化建设和数据分析能力。通过引入大数据、人工智能等先进技术，企业可以实现对市场数据的实时分析和预测，提升预算编制的科学性和前瞻性。例如企业可以通过数据挖掘和预测模型，分析历史销售数据和市场趋势，预测未来的销售业绩和市场需求，并据此制定具有前瞻性的销售预算目标。此外企业还可以通过建立数据驱动的预算管理系统，实时监控市场环境的变化和企业运营情况，及时调整预算目标和计划，确保预算能够准确反映市场变化和企业的发展需求。

（四）持续性原则

持续性原则强调预算编制和执行过程中的连贯性和稳定性，确保预算能够在企业的长期管理中发挥持续的指导作用。持续性原则的意义在于通过建立稳定的预算管理机制和流程，帮助企业实现长期的战略目标和财务稳健性。一是企业在遵循持续性原则时，需要建立健全的预算管理制度和流程。预算管理制度的稳定性和连贯性，能够确保企业在预算编制和执行过程中，始终遵循相同的标准和流程，避免因管理变更或市场波动而导致预算的频繁调整和不一致。例如企业可以通过制定预算编制指南和执行手册，明确预算编制的步骤、标准和流程，确保各部门在预算编制过程中能够按照统一的规范进行操作，提升预算的持续性和执行效果。二是持续性原则在实际操作中，还要求企业在预算执行过程中，保持预算目标和计划的一致性和连贯性。企业在执行预算时，应避免频繁的预算调整和变更，确保预算的执行过程具有稳定性和可预测性。例如企业可以通过设定明确的预算调整条件和程序，规定在什么情况下可以进行预算调整，确保预算调整的科学性和合理性。此外企业还可以通过建立预算执行监控机制，对预算执行情况进行定期评估，确保预算执行的持续性和效果。例如通过定期的预算执行报告，企业可以对比实际支出与预算目标的差异，分析预算执行中的问题和不足，确保预算执行的稳定性和一致性。三是持续性原则的实施，还需要企业在预算管理中加强长期规划和战略管理。通过将预算与企业的长期战略目标相结合，企业可以确保预算的持续性和战略性。例如企业在制定年度预算时，可以结合五年或十年的战略规划，制定出具有持续性的预算目标，确保预算能够支持企业的长期发展目标和财务稳健性。此外企业还可以通过预算的持续评估和反馈，不断优化预算管理机制，提升预算的持续性和执行效果。例如通过对历史预算执行情况的分析，企业可以发现预算管理中的长期问题和趋势，并采取相应的改进措施，确保预算管理的持续性和科学性。

（五）透明性原则

透明性原则是预算管理中的一项重要原则，它要求企业在预算编制和执行过程中，必须确保预算信息的公开和透明，确保各级管理层和相关利益者能够及时获取预算信息，了解预算的编制和执行情况。透明性原则的落实，有助于提高企业管理的透明度和公信力，促进企业内部的沟通和协作。一是企业在遵循透明性原则时，需要确保预算编制过程的公开和透明。企业在编制预算时，应通过建立透明的预算编制流程，确保各级管理层和相关部门能够参与预算编制过程，了解预算的编制依据和决策过程。例如企业可以通过召开预算编制会议，邀请各部门负责人参与预算编制的讨论和决策，确保预算编制的透明度和公正性。此外企业还可以通过信息化手段，建立预算编制系统，实现预算信息的实时共享和协同管理，提升预算编制的透明度和效率。二是透明性原则在实际操作中，还要求企业在预算执行过程中，确保预算信息的及时传达和公开。企业在执行预算时，应通过定期的预算执行报告和会议，向各级管理层和相关部门汇报预算的执行情况，确保预算信息的透明度和可获取性。例如企业可以通过定期发布预算执行报告，向各部门和利益相关者展示预算执行的进展和结果，确保预算执行的透明度和公信力。此外企业还可以通过建立预算执行监控系统，实现预算执行的实时监控和反馈，确保各部门能够及时了解预算的执行情况，促进企业内部的沟通和协作。三是透明性原则的实施，还需要企业在预算管理中建立健全的预算监督和审计机制。通过建立独立的预算审计部门或引入第三方审计机构，企业可以确保预算的编制和执行过程符合透明性原则，避免预算管理中的不公正或不透明现象。例如企业可以通过定期的预算审计，对预算编制和执行过程中的问题进行审查和纠正，确保预算管理的透明性和公正性。此外，企业还可以通过建立预算问责机制，对预算编制和执行中的不透明行为进行追责，确保预算管理的透明度和公信力。

预算管理的原则是企业财务管理中不可或缺的指导准则，通过对全面性、灵活性、前瞻性、持续性和透明性原则的详细分析，企业可以更好地理解和应用这些原则，提升预算管理的科学性和有效性。在实际操作中，企业应结合自身的行业特点、市场环境和管理需求，严格遵循这些预算原则，确保预算的编制和执行符合企业的战略目标和管理要求。未来随着市场环境的变化和企业管理的不断创新，预算管理将面临新的挑战和机遇，企业需要不断优化预算管理机制和流程，以应对复杂多变的市场环境，确保企业的长期健康发展。

第二节 预算编制的原则及内容

一、预算编制的原则

预算编制是企业财务管理中的关键环节，其编制的科学性和合理性直接影响到企业的资源配置、成本控制和战略目标的实现。在预算编制过程中，必须遵循一定的原则，这些原则为预算的编制提供了指导和规范，确保预算能够准确反映企业的财务状况和经营需求。预算编制的原则包括全面性、灵活性和可控性，这些原则的贯彻落实，有助于提升预算的准确性、科学性和执行效果。下面将详细探讨预算编制的三大原则，并分析这些原则在实际预算编制过程中的应用与意义。

（一）全面性原则

全面性原则是预算编制中的基本原则之一，它要求企业编制预算时，必须涵盖所有业务活动和财务收支项目，确保预算能够全面反映企业的经营状况和财务需求。全面性原则的核心在于通过全面覆盖企业的各项业务和财务活动，提供一个完整的财务规划工具，为企业的战略决策提供依据。一是企业在遵循全面性原则时，需要确保预算的编制范围覆盖到企业的所有部门和业务单元。无论是生产、销售，还是行政管理和研发，所有部门的财务需求都应纳入预算编制的范畴。通过这种全面的预算编制，企业可以确保所有业务活动的财务需求都得到充分考虑，避免因预算覆盖不全面导致的资源分配失衡和管理漏洞。二是全面性原则还要求企业在预算编制中，全面考虑各种影响财务状况的因素。企业需要在预算编制过程中，充分考虑市场环境的变化、政策法规的调整以及内部管理的变化等因素，确保预算能够准确反映企业的实际财务状况。例如企业可以通过对市场环境的全面分析，预测未来的市场需求和价格波动，并将这些预测结果纳入预算编制中，确保预算的科学性和准确性。此外企业还应在预算编制过程中，全面评估各类财务风险，并制定相应的风险管理措施，以确保预算的稳健性和可操作性。三是全面性原则的实施,还需要企业在预算编制过程中,建立完善的预算管理机制和流程。企业可以通过设置预算编制小组或委员会,确保各部门在预算编制过程中能够充分参与,并提供必要的数据和支持。通过这种全面参与的预算编制方式,企业可以确保预算的全面性和准确性,提升预算管理的整体水平。例如在编制生产预算时,企业可以通过与各生产部门的紧密合作,全面了解各部门的生产计划和资源需求,确保预算能够准确反映实际生产情况,并支持企业的生产运营目标的实现。

(二) 灵活性原则

灵活性原则是预算编制中的重要原则之一,它要求企业在预算编制和执行过程中,能够根据实际情况和环境变化进行适当的调整和优化。灵活性原则的重要性在于,它允许企业在应对市场变化和内部管理调整时,能够及时调整预算目标和资源配置,确保预算的适应性和有效性。一是企业在遵循灵活性原则时,需要在预算编制过程中留有调整的空间。企业在编制预算时,应避免将预算目标设定得过于刚性,而是应结合市场预测和企业经营特点,制定具有弹性的预算计划。例如企业可以通过设置多个预算情景方案,根据市场需求的不同情况,制定不同的预算目标,以便在市场环境发生变化时,能够灵活调整预算方案,确保企业经营的稳定性和灵活性。二是灵活性原则在实际操作中,还要求企业在预算执行过程中,具备根据实际情况进行预算调整的能力。企业在执行预算时,会遇到市场环境的变化、内部管理的调整或资源需求的变动,这就需要企业能够根据实际情况,及时调整预算目标和计划,确保预算执行的灵活性和有效性。例如当企业发现市场需求出现明显波动时,可以通过调整生产预算,增加或减少生产投入,以应对市场需求的变化。此外企业还可以通过建立灵活的预算管理机制,如滚动预算和实时监控系统,提升预算调整的效率和精准度,确保预算执行的灵活性和科学性。三是灵活性原则的实施,还需要企业在预算管理中建立有效的沟通和协调机制。预算的调整和优化,往往需要各部门之间的协同合作,这就要求企业在预算管理过程中,建立健全的沟通机制,确保各部门能够及时共享信息、协同工作。例如企业可以通过定期召开预算评估会议,对预算执行情况进行分析和讨论,并结合实际情况,对预算目标和计划进行灵活调整,确保预算执行的顺利进行。此外企业还可以通过信息化手段，建立预算管理系统，实现各部门之间的信息共享和协同管理，提升预算调整的效率和效果，确保预算执行的灵活性和科学性。

（三）可控性原则

可控性原则是预算编制中的关键原则之一，它强调预算的编制和执行必须在企业可控的范围内进行，确保预算目标的可实现性和预算执行的有效性。可控性原则的核心在于，通过合理的预算编制和严格的预算管理，确保企业在预算执行过程中，能够有效控制各项财务活动，避免出现预算失控和资源浪费的情况。一是企业在遵循可控性原则时，需要在预算编制过程中，设定合理的预算目标和控制标准。企业在制定预算目标时，应充分考虑自身的资源能力、市场环境和管理水平，确保预算目标具有可实现性。例如企业在制定销售预算时，应根据市场需求、历史销售数据和未来市场预测，制定出合理的销售目标，确保预算目标的可控性和可操作性。二是可控性原则在实际操作中，还要求企业在预算执行过程中，建立有效的预算控制和监控机制。企业在执行预算时，应通过预算控制手段，如预算审批、预算调整和预算监控，确保各项预算支出的合理性和合规性。例如企业可以通过预算审批制度，对各部门的预算申请进行严格审核，确保预算支出符合企业的财务规划和战略目标。此外企业还可以通过实时的预算监控系统，对预算执行情况进行动态监控，及时发现和纠正预算执行中的偏差，确保预算执行的有效性和可控性。三是可控性原则的实施，还需要企业在预算管理中建立健全的预算问责机制。通过建立明确的预算责任体系，企业可以确保各部门在预算执行过程中，能够严格按照预算目标和计划进行操作，避免出现预算超支或资源浪费的情况。例如企业可以通过设定预算执行考核指标，对各部门的预算执行情况进行定期评估，并根据评估结果，对预算执行效果进行奖惩，确保预算管理的可控性和执行效果。此外企业还可以通过预算审计和内部控制手段，对预算执行中的不规范行为进行检查和纠正，确保预算管理的合规性和有效性。

预算编制的原则是企业财务管理中不可或缺的指导准则，通过对全面性、灵活性和可控性原则的详细分析，企业可以更好地理解和应用这些原则，提升预算编制的科学性和有效性。在实际操作中，企业应结合自身的行业特点、市场环境和管理需求，严格遵循这些预算编制原则，确保预算的编制和执行符合企业的战略目标和管理要求。未来随着市场环境的变化和企业管理的不断创新，预算编制将面临新的挑战和机遇，企业需要不断优化预算管理机制和流程，以应对复杂多变的市场环境，确保企业的长期健康发展。

二、预算编制的主要内容

预算编制是企业财务管理中的重要环节，其主要内容涵盖了企业的各个方面，包括收入预算、成本预算、资本支出预算等。这些内容不仅为企业的财务决策提供了依据，还为企业的资源配置、成本控制和绩效评估提供了重要支持。在预算编制过程中，企业需要综合考虑市场环境、业务发展计划以及内部资源状况，制定出科学合理的预算方案。预算编制的主要内容要求企业在考虑全面性和细致性的同时还要保持预算的灵活性和适应性，以应对复杂多变的市场环境。下面将详细探讨预算编制的主要内容，分析其在企业管理中的应用与意义。

（一）收入预算的编制

收入预算是企业预算编制中最基础也是最关键的部分之一，它直接影响着企业的财务规划和资源配置。收入预算的编制需要企业基于市场分析、销售预测以及历史数据，对未来一定时期内的收入进行合理预测和规划。一是企业在编制收入预算时，需要对市场环境进行全面分析。这包括对行业趋势、竞争对手、消费者行为以及宏观经济环境的分析，以确定未来市场的增长潜力和风险。通过这种全面的市场分析，企业可以准确预测未来的销售收入，制定出具有可行性和前瞻性的收入预算。此外企业还应结合历史销售数据，对不同产品线或服务的收入贡献进行评估，并据此优化产品组合和市场策略，提升整体收入水平。二是收入预算的编制还需要企业进行细致的销售预测。销售预测是收入预算的核心，它通过分析过去的销售数据、市场趋势和客户需求，预测未来的销售量和销售收入。例如企业可以通过数据分析工具，对过去几年的销售数据进行回归分析，结合市场调研和行业预测，确定未来的销售目标和收入预期。企业还可以通过设置不同的销售情景（如乐观、中性和悲观情景），评估在不同市场环境下的收入变化，以确保收入预算的灵活性和适应性。此外企业应根据不同市场区域、产品线和销售渠道的特点，制定分区域、分产品和分渠道的收入预算，确保收入预算的科学性和准确性。三是收入预算的编制还应考虑到内部管理因素的影响。企业的内部管理因素，如生产能力、销售团队的绩效、市场营销策略等，都会对收入预算产生重要影响。例如企业需要评估生产能力是否能够支持未来的销售增长，销售团队的绩效是否能够实现既定的销售目标，以及市场营销策略是否能够有效吸引和保留客户。通过这种全面的内部评估，企业可以制定出更加切合实际的收入预算，确保收入预算的可实现性和可操作性。此外企业还应建立收入预算的动态调整机制，根据市场环境和内部管理的变化，及时调整收入预算目标，确保预算的执行效果和管理效能。

（二）成本预算的编制

成本预算是企业预算编制中的核心内容之一，它直接关系到企业的利润水平和成本控制能力。成本预算的编制要求企业对各项成本支出进行全面预测和规划，确保在未来的经营活动中，能够有效控制成本，提高盈利能力。一是企业在编制成本预算时，需要对各项成本进行详细分类。成本通常分为固定成本和变动成本两大类，其中固定成本包括租金、工资、折旧等，而变动成本则包括原材料、运输费用、销售佣金等。企业需要根据不同成本的性质，分别制定详细的成本预算，确保各项成本支出的合理性和可控性。例如企业可以通过分析过去的成本数据，结合未来的生产计划和市场预测，制定出合理的原材料采购预算和生产成本预算，确保在满足生产需求的同时控制成本支出。二是成本预算的编制还需要企业进行全面的成本控制规划。企业在制定成本预算时，应充分考虑到市场环境的变化、内部管理的调整以及供应链的波动等因素，制定出具有前瞻性的成本控制计划。例如企业可以通过供应链管理优化，减少原材料采购成本，通过生产工艺改进，降低生产成本，通过销售渠道优化，减少销售费用等。企业还应在成本预算中设置一定的成本控制目标，如成本削减目标、成本控制标准等，确保各部门能够按照预算目标，严格控制成本支出，提升整体成本管理水平。此外，企业还可以通过引入先进的成本管理工具和方法，如标准成本法、作业成本法等，提升成本预算的准确性和科学性。三是成本预算的编制还应考虑到企业的长期发展战略和竞争环境。企业的长期发展战略和竞争环境将直接影响到成本预算的编制。例如企业在制定成本预算时，应充分考虑到未来的市场扩展计划、产品创新计划以及竞争对手的市场策略等因素，确保成本预算能够支持企业的长期发展目标和市场竞争力。例如企业在制定市场扩展计划时，需要评估新市场的进入成本，包括市场调研、渠道建设、市场推广等，并将这些成本纳入成本预算中，确保预算的全面性和前瞻性。此外企业还应通过对竞争对手的成本结构和市场策略进行分析，制定具有竞争力的成本预算，确保企业在市场竞争中保持优势地位。

（三）资本支出预算的编制

资本支出预算是企业预算编制中的重要组成部分，它涉及企业的长期投资和资本配置，对企业的未来发展具有重要影响。资本支出预算的编制需要企业对未来的资本投资进行详细规划，确保资本的合理配置和有效使用。

一是企业在编制资本支出预算时，需要明确资本支出的优先级和投资方向。企业应根据自身的战略目标和市场需求，确定哪些投资项目具有优先级，哪些投资方向能够带来最大的财务回报。例如企业在制定资本支出预算时，可以优先考虑那些能够提升生产效率、降低生产成本的投资项目，如引进先进设备、升级生产线等。此外企业还可以根据市场需求，优先投资于新产品研发、市场推广等具有高回报潜力的项目，确保资本支出的合理性和可行性。

二是资本支出预算的编制还需要企业进行详细的投资回报分析。企业在制定资本支出预算时，应通过财务分析工具，如净现值法、内部收益率法、投资回收期法等，评估各项资本投资的财务回报和风险水平，确保资本投资的科学性和合理性。例如企业可以通过净现值法，评估某一投资项目的未来现金流量和折现率，确定其投资回报的合理性和投资风险的可控性。企业还应在资本支出预算中，设定投资回报目标和风险控制标准，确保资本投资的收益能够覆盖投资成本，并为企业带来可持续的财务回报。此外，企业还可以通过对比分析，选择那些具有较高投资回报和较低投资风险的项目，优化资本配置，提高资本使用效率。

三是资本支出预算的编制还应考虑到企业的融资能力和财务状况。企业的融资能力和财务状况将直接影响到资本支出预算的编制。例如企业在制定资本支出预算时，应充分考虑到未来的融资计划、现金流状况以及资产负债结构等因素，确保资本支出预算的可执行性和财务稳健性。例如企业在制定融资计划时,需要评估未来的融资成本、融资渠道和融资风险,并将这些因素纳入资本支出预算中,确保资本投资的资金来源充足且成本合理。

此外企业还应通过对现金流的详细分析,评估未来的现金流入和流出,确保在资本投资的同时保持企业的财务稳健性和现金流充裕性。例如企业可以通过定期的财务报告和现金流分析,动态调整资本支出预算,确保资本投资的可持续性和财务健康性。

预算编制的主要内容涵盖了企业的收入预算、成本预算和资本支出预算,这些内容的合理编制对企业的财务管理和战略实施至关重要。通过详细分析收入预算、成本预算和资本支出预算的编制过程,企业可以更好地理解预算编制的核心内容和应用方法。在实际操作中,企业应结合市场环境、内部资源和战略目标,制定科学合理的预算方案,确保预算能够为企业的财务决策和管理提供有力支持。未来随着市场环境的变化和企业经营模式的不断创新,预算编制将面临更多的挑战和机遇,企业需要不断优化预算管理机制和流程,以应对复杂多变的市场环境,确保企业的长期健康发展。

第三节 预算编制的一般流程

一、确定标准预算周期

预算编制是企业财务管理中的重要环节,其目的是为企业的财务活动提供清晰的指引,确保资源的合理配置和财务目标的实现。在预算编制过程中,确定一个标准的预算周期是至关重要的。预算周期的长短直接影响预算的准确性、灵活性和可执行性。一个合适的预算周期不仅能够帮助企业有效管理财务资源,还能为企业的战略决策提供必要的数据支持。下面深入探讨预算编制中确定标准预算周期的重要性,分析影响预算周期选择的因素,并提出相应的管理策略,以帮助企业更好地制定和执行预算计划。

(一) 标准预算周期的定义与重要性

标准预算周期是指企业在一定时间范围内，系统地编制和执行预算的时间周期。通常情况下，企业会选择年度、季度或月度作为标准预算周期。预算周期的选择对企业的财务管理和运营效率具有深远影响，合理的预算周期能够提高预算的准确性和灵活性，确保企业在快速变化的市场环境中保持财务健康和竞争力。一是标准预算周期的定义与选择直接影响预算的可行性和可操作性。年度预算周期是最常见的选择，它能够为企业提供全年的财务计划和目标，有助于企业进行长期战略规划和资源配置。然而年度预算周期的缺点在于其缺乏灵活性，难以应对市场的快速变化和突发事件。季度预算周期则更具灵活性，能够更频繁地调整预算目标和计划，以应对市场的动态变化。月度预算周期虽然更加细致和灵活，但也增加企业的预算编制和执行负担。因此企业在选择预算周期时，需根据自身的行业特点、市场环境和经营策略，合理确定标准预算周期，以平衡预算的准确性和灵活性。二是标准预算周期的选择还影响企业的内部控制和绩效管理。合理的预算周期能够帮助企业更有效地监控和评估财务表现，及时发现和纠正偏差，提高预算执行的有效性和透明度。此外标准预算周期的选择还关系到企业的资金管理和现金流控制，较长的预算周期导致资金的调度和使用不够灵活，而较短的预算周期则能够更好地适应资金需求的变化。因此企业应根据市场环境的波动性和内部管理的需求，合理选择标准预算周期，确保预算编制和执行的科学性和合理性。

(二) 影响预算周期选择的因素

预算周期的选择受到多种因素的影响，包括企业的行业特点、市场环境、财务状况、管理模式等。这些因素决定了企业在预算编制时，需要在灵活性与稳定性之间找到平衡，以确保预算能够有效支持企业的财务管理和战略目标。一是行业特点对预算周期的选择具有重要影响。不同的行业具有不同的经营模式和市场环境，进而影响预算周期的合理选择。例如快速消费品行业由于市场变化迅速、季节性波动明显，通常需要更频繁的预算调整，因此更适合选择季度或月度预算周期。而对于资本密集型行业，如制造业或基础设施行业，由于其项目周期较长、市场变化相对稳定，年度预算周期更为适合。此外企业在高科技行业或互联网行业，由于市场变化和技术更新速度快，预算周期的选择也应更加灵活，需要结合年度预算和季度预算的方式，确保预算的及时性和适应性。二是市场环境的波动性也会影响预算周期的选择。在市场环境相对稳定的情况下，企业可以选择较长的预算周期，如年度预算，以降低预算编制的频率和工作量。然而在市场环境不确定性较高的情况下，如经济衰退或行业动荡，企业需要更频繁地调整预算周期，如选择季度或月度预算周期，以应对市场的快速变化和风险。企业应根据市场环境的变化趋势，灵活调整预算周期的长度，以确保预算能够及时反映市场变化和企业的实际经营状况。此外企业还应通过市场预测和分析，提前识别市场环境的变化趋势，为预算周期的调整提供依据和支持。

（三）预算周期的选择对企业财务管理的影响

预算周期的选择不仅影响预算编制的频率和工作量，还对企业的财务管理和运营决策产生重要影响。合理的预算周期能够提高企业的资金管理效率、优化资源配置，并为企业的战略决策提供有力支持。一是预算周期的选择直接影响企业的现金流管理和资金调度。较长的预算周期导致资金调度不够灵活，难以应对短期资金需求的变化，进而影响企业的运营效率和财务稳健性。较短的预算周期则能够更好地适应资金需求的波动，通过更加频繁的预算调整，优化资金使用，提高资金的利用效率。此外预算周期的选择还影响企业的成本控制和费用管理。较短的预算周期有助于企业更频繁地监控和控制成本支出，及时发现和纠正预算偏差，避免预算失控现象的发生。企业应根据自身的资金管理需求和成本控制目标，合理选择预算周期，以确保财务管理的稳健性和可持续性。二是预算周期的选择还影响企业的战略决策和绩效评估。较长的预算周期能够为企业的战略规划提供更加稳定的财务支持，有助于企业进行长期投资和资源配置。然而较长的预算周期也导致预算的灵活性不足，难以及时调整战略决策以应对市场的动态变化。较短的预算周期则能够提供更为灵活的财务支持，帮助企业在快速变化的市场环境中保持竞争优势。此外预算周期的选择还关系到企业的绩效评估和激励机制，较短的预算周期有助于企业更频繁地评估和反馈员工的绩效表现，激励员工在预算执行过程中保持高效和积极的工作态度。因此企业应综合考虑预算周期对财务管理和战略决策的影响，选择最优的预算周期，确保预算的执行效果和企业的长期发展。

（四）预算周期调整的策略与管理

在实际经营中，企业的市场环境、经营状况和财务目标发生变化，这要求企业能够根据实际情况灵活调整预算周期，以确保预算的科学性和合理性。预算周期调整是企业应对市场变化和内部管理需求的重要策略，它能够帮助企业更好地应对市场的不确定性和变化，保持财务管理的稳定性和适应性。

一是企业在进行预算周期调整时，应根据市场环境的变化趋势和内部管理的需求，灵活调整预算周期的长度。企业可以通过市场预测和财务分析，提前识别市场环境的变化趋势，为预算周期的调整提供依据和支持。例如在市场环境不确定性增加时，企业可以缩短预算周期，如由年度预算调整为季度或月度预算，以提高预算的灵活性和适应性。同时企业还可以根据内部管理的需求，调整预算周期的起止时间，以更好地配合企业的经营计划和战略目标。此外企业应通过定期的预算审查和反馈，评估预算周期的适应性和效果，及时调整预算周期的长度和执行方式，确保预算的科学性和合理性。二是预算周期的调整还需要企业具备灵活的预算管理机制和高效的预算执行能力。企业在调整预算周期时，应通过加强预算管理制度的建设，明确预算调整的流程和权限，确保预算调整的及时性和有效性。例如企业可以建立预算调整的预警机制，通过监控市场环境和经营状况的变化，及时触发预算周期的调整程序，确保预算周期的调整能够迅速响应市场变化和内部需求。此外企业还应加强预算执行的监控和管理，通过信息化手段实现预算执行的实时跟踪和动态调整，确保预算周期调整后的预算计划能够顺利执行和落实。同时企业还应加强预算执行的监督和考核，确保预算调整的效果和执行质量，为企业的财务管理和战略决策提供有力支持。

确定标准预算周期是企业预算编制中的关键步骤，它不仅影响预算的编制和执行，还关系到企业的财务管理和战略决策的成效。通过对标准预算周期的定义与重要性、影响预算周期选择的因素、预算周期的选择对企业财务管理的影响以及预算周期调整的策略与管理的深入探讨，企业可以更好地理解预算周期的重要性，并制定科学的预算周期选择策略。在实际操作中，企业应根据市场环境、行业特点、财务状况等因素,合理确定标准预算周期,并通过灵活的预算管理机制,确保预算周期的科学性和合理性,最终实现企业财务管理的稳健性和可持续性。未来随着市场环境的变化和企业经营模式的多样化,企业在预算周期的选择和管理上将面临更多的挑战和机遇,这要求企业不断提升预算管理的技术水平和组织能力,以应对复杂多变的市场环境,确保企业的长期健康发展。

二、实行"两上两下"的预算编报和审批程序

"两上两下"的预算编报和审批程序是许多企业和机构在预算管理中采用的一种标准流程。这种程序通过多次的上下沟通和调整,确保预算方案的科学性、合理性和可执行性。"两上两下"的过程不仅有助于各级管理层充分表达意见和需求,还能够在预算编制过程中充分考虑到企业的整体战略和资源配置要求。通过这样的流程,企业可以在保持预算控制的同时增强预算的灵活性和适应性。以下详细探讨"两上两下"预算编报和审批程序的具体流程及其在企业预算管理中的重要性,并分析如何通过该程序提高预算的编制质量和执行效果。

(一)"两上两下"程序的基本定义与重要性

"两上两下"的预算编报和审批程序是一种标准化的预算编制流程,通常包括两个阶段的预算提交和两次预算调整与反馈。在第一次上报过程中,各部门根据自身的业务需求和目标编制初步预算,并上报至财务部门或管理层进行审核。经过第一次下达的反馈和调整,各部门根据上级的意见修改预算方案,并再次上报。这一过程通常再重复一次,以确保预算方案的最终合理性和可行性。一是"两上两下"程序的定义在于它的逐级上报与反馈机制,确保各部门的预算需求能够得到充分表达,同时也能够使管理层的战略意图在预算中得到有效落实。这种程序强调了预算编制中的沟通与协调,通过多次的上下往返,企业能够平衡各方的利益需求,确保资源的最优配置。在第一次上报过程中,各部门根据自身的业务需求编制预算,管理层则可以根据企业的整体战略和资源状况,对预算进行初步审核和调整,确保预算的总体方向与企业的发展目标一致。二是"两上两下"程序的重要性在于它能够提高预算的科学性和合理性。通过多次的上下往返和意见反馈,各部门能够对预算方案进行不断的修正和完善,确保预算的编制过

程充分考虑到各类因素，如市场环境、资源配置、成本控制等。此外这一程序还能够增强预算的透明度和可执行性，通过多方参与和协调，确保预算方案的最终确定是经过充分讨论和评估的结果，从而提高预算的执行效果和管理效率。企业应当在预算编制过程中严格执行"两上两下"程序，确保预算的科学性和合理性，为企业的长期发展提供坚实的财务基础。

（二）"两上两下"程序在预算编制中的具体流程

"两上两下"程序在预算编制中的具体流程包括初步预算的编制与上报、初次审核与反馈、预算调整与再次上报、最终审核与批准。这一过程通过多次的上下往返，使预算方案逐步优化，确保最终预算的科学性和可行性。一是在初步预算编制与上报阶段，各部门根据企业的年度经营计划、历史数据以及市场预测，编制初步预算，并上报至财务部门或预算委员会。这个阶段的重点在于部门层面对自身业务需求的详细分析和预算的初步设定。管理层需要对上报的预算进行全面的审核，考虑企业的整体资源状况和战略目标，对初步预算进行必要的调整和优化。在这个过程中，管理层不仅需要关注预算的合理性，还要确保预算的各项数据能够支持企业的整体发展战略和经营目标。二是在初次审核与反馈阶段，管理层在对初步预算进行审核后，将反馈意见下达至各部门。各部门根据反馈意见对初步预算进行调整和修改，确保预算方案能够更好地契合企业的整体目标和资源配置要求。在这个阶段，各部门需要与管理层保持密切沟通，确保预算调整过程中能够充分理解管理层的意图和要求，同时也要及时反馈调整过程中遇到的问题和困难。通过这种上下沟通，确保预算调整的方向和细节都能够得到有效落实，为最终的预算编制奠定基础。

（三）"两上两下"程序对预算编制质量的提升作用

"两上两下"程序通过多次的沟通与反馈，极大地提高了预算编制的质量。这一程序不仅确保了各部门的预算需求能够得到充分表达，还能够在预算编制过程中逐步修正和完善预算方案，确保最终预算的合理性和可执行性。一是通过多次的上下反馈与调整，"两上两下"程序使得预算编制的过程更加细致和全面。各部门在编制预算时，不仅需要考虑自身的业务需求，还要考虑企业的整体战略目标和资源配置状况。在第一次上报预算后，各部门根据管理层的反馈意见进行调整，这一过程能够帮助部门更好地理解企业的整体战略意图，并将其融入预算编制中。此外通过这一过程，预算编制的细节能够得到不断的修正和完善，确保最终的预算方案不仅在数据上准确可信，而且在内容上全面详尽，能够真实反映企业的经营状况和发展需求。二是"两上两下"程序还能够通过多次的审核与调整，提高预算的执行效果。通过这一过程，企业的预算方案不仅得到了各级管理层的充分审议，还得到了各部门的深入理解和认同。这种多方参与和协调的过程，有助于增强预算的执行力和责任感，确保在预算执行过程中，各部门能够按照既定的预算方案严格执行，提高企业的财务管理效率和资源利用率。此外通过多次的上下往返和反馈，企业的预算编制过程也能够更加透明和公开，减少预算编制中的主观性和随意性，为企业的预算管理提供有力保障。

（四）"两上两下"程序的实际应用与挑战

虽然"两上两下"程序在理论上能够显著提高预算编制的质量和执行效果，但在实际应用中，企业在实施这一程序时也会面临一些挑战。这些挑战包括时间成本的增加、沟通不畅、以及协调难度的提升等。企业在实际操作中需要根据自身的实际情况进行调整和优化，确保这一程序能够顺利实施并达到预期效果。一是"两上两下"程序会增加预算编制的时间成本。在预算编制过程中，经过多次的上报与反馈，整个流程会延长预算编制的时间，这对企业的时间管理提出了更高的要求。为此企业需要提前规划预算编制的时间表，合理安排各个环节的时间节点，确保预算编制能够在规定的时间内顺利完成。此外企业还需要通过加强各部门之间的沟通与协作，提高工作效率，减少因为沟通不畅导致的时间延误，确保预算编制过程的顺利进行。二是在实际应用中，企业还面临各部门之间沟通不畅和协调难度增加的问题。由于各部门的业务性质和目标不同，在预算编制过程中会出现意见不一致或利益冲突的情况。为此企业需要通过加强领导层的协调和统筹，确保各部门能够在预算编制过程中保持一致的方向和步调。此外企业还可以通过建立有效的沟通机制，如定期的预算编制会议和多部门联席会议等，促进各部门之间的沟通与合作，减少因沟通不畅导致的预算编制障碍。

"两上两下"的预算编报和审批程序是一种有效的预算编制流程，它通过多次的上下反馈与调整，确保预算的科学性、合理性和可执行性。在实际操作中，企业需要根据自身的实际情况，合理安排预算编制的时间和流程，确保"两上两下"程序的顺利实施。通过这一程序，企业不仅能够提高预算编制的质量和执行效果，还能够增强各部门的参与度和责任感，确保预算方案的最终落地和实施效果。

三、预算的审查和批准

预算的审查和批准是预算编制过程中至关重要的环节，它不仅关系到预算的最终确定，还决定了预算执行的有效性和企业资源的合理配置。预算的审查过程旨在确保预算编制的科学性、合理性以及与企业战略目标的契合度。在审查过程中，财务部门与管理层会对预算的各个方面进行详细分析和评估，识别潜在的风险和问题，并提出相应的调整建议。预算的批准则是管理层在充分审议的基础上，对预算方案作出的最终决策，标志着预算编制的完成并进入执行阶段。有效的预算审查和批准流程能够确保企业资源的最优配置，提升财务管理的透明度和效率，同时为企业的经营活动提供坚实的财务保障。

（一）预算审查的基本原则与方法

预算审查是预算编制过程中的一个关键步骤，其主要目的是通过对各部门提交的预算进行详细审查，确保预算的准确性、合理性和可行性。在预算审查过程中，管理层应遵循一定的原则和方法，以确保预算的各项内容符合企业的战略目标和财务状况。预算审查的基本原则包括：合理性原则、准确性原则、相关性原则和一致性原则。

一是合理性原则要求预算的各项数据和内容必须经过合理推测和科学分析，不能存在不切实际或过于乐观的预期。例如各部门在编制预算时，应基于历史数据、市场预测和企业经营计划，合理估算收入和费用，不得随意夸大或缩小预算数据。同时预算审查者需要对各项预算进行深入分析，检查预算是否考虑了所有成本和收入因素，并且这些因素是否基于合理的假设和预测。

二是准确性原则强调预算数据必须真实可靠，不能有任何错误或偏差。在预算审查过程中，管理层应核对各项预算数据的来源和计算方法，确保预算中的每一项内容都经过了准确的测算和验证。例如企业在进行收入预算时，需确保销售预测数据的准确性,并根据市场需求和销售历史合理调整预算目标。对于费用预算,企业需确保所有费用项目的计算方法和基础数据的准确性,避免因预算数据错误导致的财务风险。

三是相关性原则要求预算的编制必须与企业的战略目标和经营计划紧密相关。在预算审查过程中,管理层应确保各部门的预算方案与企业整体战略方向一致,并能够有效支持企业的经营目标。例如企业在制定营销预算时,应确保预算方案与市场推广计划和销售目标相匹配,确保资源的有效配置和使用。此外预算审查者还需评估各项预算与企业长期发展规划的相关性,确保预算方案不仅能够满足短期经营需求,还能够为企业的长期发展提供支持。

四是一致性原则强调预算编制的标准和方法应在整个企业范围内保持一致,确保各部门的预算方案可以进行有效的比较和整合。在预算审查过程中,管理层应确保所有部门在编制预算时采用相同的标准和方法,避免因预算编制方法不一致导致的预算结果差异。例如企业应制定统一的预算编制指南和模板,确保所有部门在预算编制时遵循相同的规则和流程,从而保证预算审查的公正性和透明度。

(二)预算审查的具体流程与步骤

预算审查的具体流程通常包括预算初审、部门反馈、预算复审和最终审定四个步骤。通过这些步骤,企业可以逐步优化预算方案,确保预算的合理性和可执行性。一是预算初审阶段,财务部门对各部门提交的预算方案进行初步审查。初审的主要目的是检查预算方案是否符合基本的编制要求,如数据的完整性、逻辑的合理性、计算的准确性等。在此过程中,财务部门会对预算方案进行全面分析,识别潜在的问题和风险,并提出初步的修改意见和建议。初审结束后,财务部门将审查结果和反馈意见提交给各部门,要求其根据反馈意见对预算方案进行调整和修改。二是部门反馈阶段,各部门根据初审的反馈意见,重新审视并调整预算方案。在此过程中,各部门需与财务部门保持密切沟通,确保对反馈意见的理解和落实。此外各部门还需根据企业的整体战略目标,对预算方案进行进一步的优化和完善,确保预算方案能够更好地支持企业的经营活动。完成调整后,各部门将修订后的预算方案再次提交给财务部门进行复审。三是预算复审阶段,财务部门对各部门修订后的预算方案进行再次审查。复审的主要目的是确保各部门在预算调整过程中，充分考虑了初审的反馈意见，并对预算方案进行了合理的修订和优化。在此过程中，财务部门会对修订后的预算方案进行深入分析，检查预算数据的准确性和合理性，并评估预算方案是否与企业的战略目标保持一致。复审结束后，财务部门将最终的审查结果和建议提交给企业管理层进行最后的审定。四是最终审定阶段，企业管理层对复审后的预算方案进行最终审议和批准。在此过程中，管理层将根据企业的整体战略和财务状况，对预算方案进行全面评估，并作出最终的决策。管理层在审定预算时，不仅需要考虑预算的合理性和可行性，还需评估预算的执行效果和潜在的风险因素。最终管理层会对预算方案进行正式批准，并将批准后的预算方案下达至各部门进行执行。

（三）预算批准的决策机制与流程

预算批准的决策机制是企业预算管理中的一个关键环节，它决定了预算方案的最终确定和执行。企业在进行预算批准时，需要建立一套科学合理的决策机制，确保预算的审批过程公开、公正、透明，并且能够有效支持企业的财务管理和经营目标。一是预算批准的决策机制通常包括预算委员会的设立、预算方案的讨论与审议、以及最终的决策与批准。在预算批准过程中，企业应设立一个由高层管理人员组成的预算委员会，负责预算方案的审议和决策。预算委员会的成员通常包括财务总监、首席执行官、首席运营官等核心管理层人员，确保预算的审批过程具有广泛的代表性和权威性。在预算委员会的会议上，各部门负责人需对其预算方案进行详细的说明和解释，并回答委员会成员的质询和建议。二是预算方案的讨论与审议是预算批准过程中至关重要的环节。在此过程中，预算委员会的成员将对各部门的预算方案进行全面的评估和讨论，分析预算的合理性、可行性和与企业战略目标的契合度。预算委员会成员需要基于企业的整体资源状况和市场环境，对预算方案提出专业的意见和建议，并通过集体讨论达成一致的决策意见。在预算审议过程中，预算委员会还需考虑各部门之间的资源分配和协同效应，确保预算方案的整体协调性和可执行性。三是预算批准的最终决策阶段，预算委员会根据讨论的结果，对预算方案进行最终的决策和批准。在此过程中，预算委员会成员需对预算方案的总体合理性、可行性和执行效果进行全面评估，并结合企业的战略目标和财务状况，作出最终的批准决策。预算批准的最终结果需经过预算委员会全体成员的签署确认，并形成正式的预算文件，作为企业财务管理和经营活动的指导文件。

（四）预算审查和批准中的风险与挑战

预算审查和批准是预算编制过程中的关键环节，但在实际操作中，这一过程也面临诸多风险与挑战。企业需要在预算审查和批准过程中，充分识别和管理这些风险，以确保预算的科学性、合理性和可执行性。一是预算审查和批准中的时间压力与资源限制是常见的挑战。在实际操作中，企业往往面临预算编制时间紧张、资源有限的情况，这导致预算审查和批准过程中的决策不充分、分析不全面，从而影响预算的质量和执行效果。为此企业需要合理规划预算编制的时间表，确保各环节的工作有序进行，避免因时间压力导致的决策失误。此外企业还应通过加强预算管理团队的建设，提高预算审查和批准过程中的资源配置效率，确保预算审查和批准过程的顺利进行。二是预算审查和批准中的信息不对称与沟通障碍也是需要关注的问题。预算编制过程中，各部门之间存在信息不对称和沟通不畅的情况，这导致预算方案的编制与企业的整体战略目标不一致，从而影响预算的合理性和可执行性。为此企业应通过建立有效的信息共享和沟通机制，促进各部门之间的协作与配合，确保预算编制和审查过程中的信息透明度和沟通效率。此外企业还应通过定期的预算编制培训和经验分享，提升各部门的预算编制能力和沟通技巧，减少因信息不对称和沟通障碍导致的预算编制问题。

预算的审查和批准是预算编制过程中的关键环节，它决定了预算方案的最终确定和执行效果。通过对预算审查的基本原则与方法、预算审查的具体流程与步骤、预算批准的决策机制与流程、以及预算审查和批准中的风险与挑战的深入探讨，企业可以更好地理解预算审查和批准过程的重要性，并制定科学的预算审查与批准策略。在实际操作中，企业应通过合理规划预算编制的时间表、加强预算管理团队的建设、建立有效的信息共享和沟通机制、以及提升各部门的预算编制能力，确保预算的审查和批准过程顺利进行。最终实现企业财务管理的稳健性和可持续性，为企业的长期发展提供坚实的财务支持。

第四节 预算执行与调整分析

一、预算执行概述

预算执行是企业财务管理过程中的重要环节，它标志着预算从计划阶段正式进入实施阶段。预算执行不仅是对预算编制过程中各项计划和目标的落实，也是对企业各项资源的实际应用和管理。在预算执行过程中，企业需要将编制好的预算方案与实际业务活动相结合，确保各项资源能够按照预算计划进行合理分配和使用。预算执行的效果直接影响企业的财务绩效和经营成果，因此预算执行的管理和监控尤为关键。预算执行过程中，企业还需进行持续的预算调整分析，以应对市场环境变化和业务需求的调整。通过有效的预算执行管理，企业能够确保财务管理的稳健性和资源配置的效率，为企业的长期发展提供有力支持。

（一）预算执行的基本概念与意义

预算执行是指企业将已经编制并批准的预算付诸实施，通过实际的业务活动和财务操作，将预算中设定的各项目标和计划实现出来。预算执行不仅是预算管理的重要组成部分，也是企业财务管理的核心内容之一。预算执行的基本概念包括预算的分解、落实、监控和反馈等环节，这些环节共同作用，确保预算能够在实际操作中得到有效实施。一是预算执行的意义在于它将预算编制中的计划转化为实际的业务活动和财务操作。预算编制过程中，各项预算指标和目标只是理论上的预期，只有通过实际的预算执行，才能将这些预期转化为企业的实际经营成果。因此预算执行的效果直接决定了企业能否实现既定的财务目标和经营策略。此外预算执行还能够帮助企业在实际操作中检验预算编制的科学性和合理性，通过对预算执行结果的分析和反馈，企业可以及时发现预算编制中的问题和不足，并为下一轮预算编制提供改进依据。二是预算执行的意义还在于它能够促进企业的资源优化配置和成本控制。通过预算执行，企业可以将有限的资源按照预算计划进行合理分配，确保各项业务活动能够得到必要的资金和资源支持。同时预算执行过程中，企业还可以通过对实际支出和预算支出的对比分析，及时发现和控制成本超支现象，避免资源浪费和预算失控。通过有效的预算执行管理，企业不仅能够提高资源利用效率，还能够实现成本的有效控制，提升企业的财务稳健性和市场竞争力。此外预算执行的过程也是对企业内部控制体系的检验，通过对预算执行的监控和反馈，企业可以识别内部控制中的薄弱环节，并及时采取改进措施，确保预算执行的规范性和透明度。

（二）预算执行的关键环节与方法

预算执行的关键环节包括预算的分解与落实、预算的监控与管理、以及预算的反馈与调整。通过这些环节，企业可以确保预算的执行效果，及时发现和解决预算执行中的问题。一是预算的分解与落实是预算执行的第一步。预算编制过程中，预算通常是以整体和部门为单位进行编制的，在预算执行阶段，企业需要将预算分解到各个具体的业务活动和项目中，确保每一项预算都有明确的执行责任人和具体的执行计划。通过预算的分解与落实，企业可以确保预算执行的各项任务和目标能够在实际操作中得到具体实施，避免预算的空转和落空。此外企业还需要制定详细的预算执行计划，明确各项预算任务的时间节点和资源配置，确保预算执行的有序进行。二是预算的监控与管理是预算执行过程中至关重要的环节。在预算执行过程中，企业需要对各项预算的执行情况进行持续的监控和管理，确保预算执行的进度和效果能够符合预期目标。通过对实际支出和预算支出的对比分析，企业可以及时发现预算执行中的偏差，并采取相应的纠正措施，确保预算执行的规范性和透明度。例如企业可以通过定期的预算执行报告和会议，对各部门的预算执行情况进行全面的评估和分析，识别预算执行中的风险和问题，并提出改进建议。此外企业还可以利用信息化手段，如企业资源计划（ERP）系统，实现预算执行的实时监控和数据分析，提高预算执行的管理效率和精确度。

（三）预算执行中的挑战与应对策略

预算执行过程中，企业往往会面临各种挑战，这些挑战来自内部管理问题、外部环境变化、以及预算编制本身的不足。如何应对这些挑战，是确保预算执行效果的关键。一是内部管理问题导致预算执行的难度增加。企业内部的组织结构、管理流程、以及部门之间的协调配合都会影响预算的执行效果。例如如果企业的管理流程不够顺畅，或者各部门之间缺乏有效的沟通与协作，那么预算的执行会出现延误、偏差甚至失败。为应对这些问题，企业应通过优化内部管理流程，加强部门之间的协同合作，确保预算执行过程中各个环节的顺利衔接。此外企业还应通过加强预算执行的管理和监督，确保各部门严格按照预算执行计划进行操作，减少因内部管理问题导致的预算执行偏差。二是外部环境变化也是预算执行中的一大挑战。市场环境的变化、政策法规的调整、以及宏观经济的波动都影响预算的执行效果，甚至使原有的预算目标变得不再现实。为了应对外部环境变化带来的挑战，企业应加强对市场环境和政策变化的敏感度，及时调整预算执行计划，确保预算目标与实际情况保持一致。例如企业可以通过设立预算调整机制，允许在外部环境发生重大变化时，对预算目标和执行计划进行必要的调整和修订，确保预算执行的灵活性和适应性。此外企业还应通过加强市场调研和信息收集，提前预测和应对外部环境变化，减少预算执行过程中的不确定性和风险。

（四）预算执行的效果评估与改进措施

预算执行的效果评估是预算管理过程中的一个重要环节，通过效果评估，企业可以了解预算执行的实际效果，并为下一轮预算编制和执行提供改进依据。一是预算执行的效果评估通常包括对预算执行进度、预算执行结果、以及预算执行质量的全面评估。通过对预算执行进度的评估，企业可以了解各项预算任务的完成情况，识别预算执行中的延误和滞后现象，并及时采取措施加以纠正。通过对预算执行结果的评估，企业可以对比预算目标与实际结果之间的差异，分析差异产生的原因，并评估预算执行的总体效果。例如企业可以通过预算执行差异分析，找出实际支出与预算支出之间的主要差异项，并分析这些差异项的产生原因，以便在下一轮预算编制中进行改进。二是预算执行质量的评估则关注预算执行过程中各项任务和目标的实际落实情况。通过对预算执行质量的评估，企业可以了解各部门在预算执行过程中是否严格按照预算执行计划进行操作，是否存在预算浪费和不合理支出现象，并对预算执行中的优秀案例和问题进行总结和反馈。例如企业可以通过预算执行审核和审计，对各项预算支出的合理性和合规性进行评估，确保预算执行的透明度和规范性。此外企业还可以通过设立预算执行的考核机制，对各部门的预算执行效果进行绩效考核，并将考核结果与部门的奖金和奖励挂钩，激励各部门在预算执行过程中保持高效和积极的工作态度。

预算执行是预算管理中的关键环节，通过有效的预算执行管理，企业可以将预算编制中的计划转化为实际的业务活动和财务成果。在预算执行过程中，企业需要重视预算的分解与落实、预算的监控与管理、以及预算执行中的挑战与应对策略，同时进行持续的预算调整分析和效果评估，以确保预算执行的规范性和有效性。通过不断优化预算执行的管理流程和策略，企业不仅能够提高资源的利用效率，实现成本的有效控制，还能够为企业的长期发展和财务稳健性提供坚实的保障①。

二、预算执行的调整

预算执行的调整是企业在财务管理过程中面对外部环境变化、内部经营状况波动或预算编制过程中出现偏差时采取的关键应对措施。预算调整的目的是为了确保预算目标与企业实际经营状况的契合度，保证预算执行的灵活性和有效性。预算编制时，企业基于预测和计划制定预算方案，但实际执行过程中，由于市场需求变化、成本波动、政策调整等多种因素的影响，原有的预算方案无法完全适应企业当前的经营需求。在这种情况下，及时、合理地调整预算，能够帮助企业重新配置资源，优化经营策略，并有效控制财务风险。预算调整不仅是一种被动的应对措施，也是企业主动优化财务管理、提升预算执行效果的重要手段。通过科学合理的预算调整，企业可以在动态变化的市场环境中保持竞争力，实现财务目标的稳步推进。

（一）预算调整的必要性与影响因素

预算调整的必要性源于企业在预算执行过程中面对的不可预测因素和实际经营环境的变化。预算编制时，企业通常基于历史数据和未来预测制定财务计划，但在实际执行中，由于市场环境、政策法规、内部管理等多种因素的影响，企业的经营状况会与预期发生偏离。这种偏离使得原有预算难以完全满足企业的财务需求，进而影响企业的经营决策和财务管理。因此预算调整成为企业应对实际经

---

①张明.加强合规性绩效性财政监督提高政府预算执行效率[J].财政监督,2014,(22):11.

营状况变化的重要手段，通过及时、合理的预算调整，企业可以有效应对经营环境的变化，确保预算的执行效果和财务目标的实现。

一是预算调整的必要性体现在多个方面。市场环境的动态变化是预算调整的主要驱动因素。在竞争激烈的市场环境中，消费者需求、市场趋势、行业竞争态势等因素都发生快速变化，这些变化直接影响企业的收入、成本和利润。如果企业不能根据市场环境的变化及时调整预算，会导致资源配置不合理、成本控制失效、财务目标偏离等问题，最终影响企业的整体经营绩效。政策法规的调整也是预算调整的重要原因。政府政策、税收法规、行业监管等外部环境的变化，对企业的经营活动产生直接影响，进而要求企业调整其预算方案，以适应新的政策环境和法律要求。此外企业内部经营状况的变化，如生产计划调整、项目进展延迟、资源配置变化等，也导致预算执行偏离预期目标，这时企业需要通过预算调整来重新分配资源，优化经营策略，确保财务管理的稳定性和可持续性。

二是预算调整的影响因素多种多样，包括外部环境变化、内部管理需求、以及预算执行中的实际情况等。企业在进行预算调整时，需要全面分析这些影响因素，制定科学合理的调整方案，确保调整后的预算能够真实反映企业的实际经营状况和财务需求。例如企业在进行预算调整时，需要评估市场环境的变化趋势，分析市场需求、竞争态势、价格波动等因素对企业收入和成本的影响，进而调整销售预算、生产预算和成本预算。企业还需要分析内部管理的需求，如生产计划的变动、项目的进展情况、资源的使用效率等，确保预算调整能够支持企业的经营目标和管理策略。此外企业还需考虑预算执行中的实际情况，如预算执行进度、支出结构、现金流状况等，确保调整后的预算能够适应实际经营需求，并具备较强的操作性和可执行性。

（二）预算调整的基本类型与流程

预算调整的基本类型主要包括定期调整、应急调整和战略调整。不同类型的预算调整适用于不同的经营情境，企业需要根据实际情况选择合适的调整类型，并遵循科学的调整流程，确保预算调整的及时性和有效性。一是定期调整是一种常见的预算调整类型，通常在企业的预算执行过程中，根据实际执行情况和经营环境的变化，定期对预算进行修订和更新。定期调整通常以季度、半年或年度为周期，企业通过定期对预算执行情况进行评估，发现预算执行中的偏差和问题，并根据实际情况调整预算目标和执行计划。定期调整的目的是确保预算方案能够持续适应企业的经营环境和管理需求，避免因预算编制时间过长导致的预算失效和资源浪费。例如企业可以在每季度末进行预算执行评估，分析实际收入、成本和利润与预算目标之间的差异，并根据市场环境的变化和内部管理需求，对下一季度的预算目标和执行计划进行调整和优化。二是应急调整是一种针对突发事件和重大变化的预算调整类型。应急调整通常在企业面临不可预见的重大变化时进行，如市场环境的剧烈波动、自然灾害的发生、政策法规的突然调整等。应急调整的目的是帮助企业迅速应对突发事件的影响，确保企业的经营活动和财务管理能够迅速恢复正常。例如在市场需求突然下降或成本急剧上升的情况下，企业需要迅速调整销售预算、生产预算和采购预算，以适应市场环境的变化，并确保财务目标的实现。应急调整的特点是时间紧迫、调整幅度较大，企业在进行应急调整时，需要迅速评估突发事件的影响，并制定相应的调整方案，确保调整后的预算能够及时反映企业的实际需求。

（三）预算调整的原则与策略

预算调整需要遵循一定的原则和策略，以确保调整后的预算方案能够有效应对实际经营状况的变化，同时支持企业的长期战略目标。预算调整的基本原则包括灵活性、合理性、可执行性和透明性等。一是预算调整的灵活性原则要求企业在预算调整过程中，能够根据实际情况的变化，灵活调整预算目标和执行计划，确保预算的适应性和应变能力。市场环境、政策法规、企业内部经营状况等都发生变化，企业需要在预算调整过程中，充分考虑这些变化因素，确保预算方案的灵活性和适应性。例如企业在应对市场需求波动时，需要灵活调整销售预算和生产预算，以适应市场的变化趋势，避免因预算固定不变导致的资源浪费和机会损失。企业在进行预算调整时，应保持灵活性，适时调整预算方案，确保预算的有效性和可操作性。二是预算调整的合理性原则要求企业在预算调整过程中，确保调整后的预算方案能够真实反映企业的实际经营状况和财务需求。预算调整的合理性不仅体现在调整方案的科学性和数据的准确性上，还体现在预算调整的逻辑性和可操作性上。例如企业在调整成本预算时，需要基于实际的成本变化情况，合理估算成本支出的变化幅度,并确保调整后的成本预算能够覆盖所有必要的支出项目。此外预算调整的合理性还要求企业在调整过程中,充分考虑各部门的预算需求和资源分配,确保预算调整的公正性和透明度,避免因预算调整引发内部的利益冲突和资源争夺。

(四)预算调整的效果评估与持续优化

预算调整的效果评估是预算管理过程中的一个重要环节,通过对预算调整效果的评估,企业可以了解调整方案的实际执行效果,并为下一轮预算编制和调整提供改进依据。预算调整的效果评估通常包括对预算执行进度、预算执行结果、以及预算执行质量的全面评估。一是预算调整的效果评估通常从预算执行的进度开始,企业通过对预算执行进度的评估,了解各项预算任务的完成情况,识别预算调整中的延误和滞后现象,并及时采取措施加以纠正。通过对预算执行进度的分析,企业可以了解调整后的预算方案是否能够按计划实施,并评估预算调整的及时性和有效性。例如企业可以通过定期的预算执行报告和会议,对各部门的预算执行进度进行全面的评估和分析,识别预算调整中的风险和问题,并提出改进建议。二是预算调整的效果评估还包括对预算执行结果的全面分析。企业通过对比预算目标与实际结果之间的差异,分析差异产生的原因,并评估预算调整的总体效果。通过预算执行结果的评估,企业可以了解调整后的预算方案是否达到了预期目标,并分析预算调整的实际效果和优化空间。例如企业可以通过预算执行差异分析,找出实际支出与预算支出之间的主要差异项,并分析这些差异项的产生原因,以便在下一轮预算编制中进行改进。

预算执行的调整是企业财务管理中的关键环节,通过有效的预算调整,企业可以应对实际经营状况的变化,确保预算执行的灵活性和有效性。在预算调整过程中,企业需要遵循灵活性、合理性、可执行性和透明性等基本原则,确保调整后的预算方案能够真实反映企业的实际需求,并支持企业的长期战略目标。通过预算调整的效果评估,企业可以了解调整方案的实际执行效果,并为下一轮预算编制和调整提供改进依据。最终预算执行的调整能够帮助企业实现财务管理的稳健性和资源配置的效率,为企业的长期发展提供坚实的财务支持。

三、预算执行分析

预算执行分析是企业财务管理中至关重要的一环,通过对预算执行情况的全面分析,企业能够了解预算执行的实际效果,发现执行过程中存在的问题,并为后续的预算调整和编制提供依据。预算执行分析不仅仅是对预算执行结果的简单对比,更是一种全面的管理工具,帮助企业识别出影响预算执行的关键因素,优化资源配置,提高企业的财务管理水平。在预算执行分析过程中,企业需要结合实际的经营数据,进行深入的差异分析、趋势分析和因果分析,从而揭示预算偏差的根本原因,并制定针对性的改进措施。有效的预算执行分析能够帮助企业提高预算的执行力和有效性,确保财务目标的顺利实现。

(一)预算执行差异分析

预算执行差异分析是预算执行分析中最为基础的一种方法,通过对实际执行结果与预算目标之间的差异进行分析,企业可以识别出预算执行中的偏差,并找出偏差产生的原因。差异分析不仅仅是预算执行的结果反馈,更是企业发现问题、改进管理的关键工具。一是预算执行差异分析的核心在于对实际结果与预算目标的比较。通过对收入、成本、费用等关键指标的分析,企业可以识别出哪些指标存在较大的差异,并进一步分析这些差异的原因。差异分析不仅仅是发现偏差,更是为了找出偏差产生的原因,并通过进一步的分析和研究,制定相应的改进措施。例如当企业发现某一成本项目的实际支出远远超出预算时,管理层需要深入分析这一差异背后的原因,是因为市场价格波动、采购计划执行不力、或者生产效率低下等多种因素所导致。在找出偏差原因后,企业可以通过调整采购策略、优化生产流程、或者重新制定成本控制措施等方式,减少未来的预算偏差,确保财务目标的实现。二是差异分析不仅能够帮助企业发现预算执行中的问题,还能够为企业提供未来预算编制的参考依据。通过对预算执行中的差异进行分析,企业可以了解哪些预算编制的假设和预测存在不准确之处,并在未来的预算编制过程中进行修正和改进。例如如果企业在预算编制时低估了市场需求的增长速度,导致实际销售收入远超预算目标,那么在未来的预算编制过程中,企业可以修正销售预测模型,提高预算的准确性。此外差异分析还可以帮助企业识别出影响预算执行的关键因素,从而在未来的预算编制和执行过程中,加强对这些关键因素的监控和管理,减少预算偏差的发生。

(二)预算执行的趋势分析

预算执行的趋势分析是企业在预算管理中常用的一种分析方法,通过对预算执行数据的时间序列分析,企业可以识别出预算执行中的长期趋势和季节性波动,从而为未来的预算调整和管理提供科学依据。趋势分析不仅能够帮助企业发现预算执行中的规律和模式,还能够为企业制定长期战略和规划提供支持。一是预算执行的趋势分析能够揭示出企业在不同时间段内的预算执行表现,通过对多个时间点的预算执行数据进行对比分析,企业可以识别出预算执行的长期趋势和变化模式。例如通过对过去几年的销售收入数据进行趋势分析,企业可以了解其销售收入的增长趋势,从而为未来的销售预算编制提供参考依据。同时企业还可以通过趋势分析识别出预算执行中的季节性波动,从而在预算编制过程中更好地考虑这些波动因素,制定更加准确的预算目标。例如对于一个受季节性影响较大的企业,管理层可以通过趋势分析识别出销售高峰和低谷期,并在预算编制过程中合理安排资源配置,确保预算的执行效果。二是趋势分析不仅能够揭示预算执行中的规律和模式,还能够帮助企业预测未来的预算执行情况,为企业制定长期战略和规划提供支持。通过对预算执行数据的趋势分析,企业可以预测未来一段时间内的预算执行表现,并根据预测结果调整预算目标和管理策略。例如如果企业通过趋势分析发现成本支出呈现逐年上升的趋势,管理层可以在未来的预算编制过程中,提前采取成本控制措施,避免成本超支现象的发生。此外趋势分析还可以帮助企业识别出潜在的风险和机会,从而在预算执行过程中采取相应的应对措施,确保企业的财务稳健性和可持续性。

(三)预算执行的因果分析

预算执行的因果分析是一种深入的分析方法,通过分析预算执行中的因果关系,企业可以找出影响预算执行的关键因素,并制定相应的管理措施。因果分析不仅能够帮助企业理解预算执行中的复杂关系,还能够为企业的决策提供科学依据。一是预算执行的因果分析能够帮助企业找出预算偏差的根本原因。在预算执行过程中，许多因素都影响预算的执行效果，如市场环境、企业内部管理、政策法规等。通过因果分析，企业可以揭示出这些因素之间的因果关系，找出影响预算执行的关键因素。例如如果企业发现某一项目的预算执行偏差较大，管理层可以通过因果分析了解这一偏差背后的原因，是因为市场需求变化、生产计划执行不力、或者供应链管理问题所导致。在找出原因后，企业可以针对这些关键因素采取相应的管理措施，减少未来预算偏差的发生。二是因果分析还可以帮助企业优化预算执行的管理流程，提高预算执行的效率和效果。通过对预算执行中的因果关系进行分析，企业可以识别出影响预算执行的主要瓶颈和问题，并通过优化管理流程、改进资源配置、加强内部控制等措施，提升预算执行的管理水平。例如如果企业通过因果分析发现预算执行中的某一环节存在管理不善的问题，导致预算执行效率低下，企业可以通过优化该环节的管理流程，加强对预算执行的监控和管理，确保预算的执行效果。此外，因果分析还可以帮助企业识别出预算执行中的风险因素，从而在预算执行过程中提前采取预防措施，降低预算执行的风险，确保财务目标的实现。

（四）预算执行的对比分析

预算执行的对比分析是企业在预算管理中常用的一种分析方法，通过对预算执行数据的多维度对比分析，企业可以全面了解预算执行的实际效果，并找出预算执行中的优劣之处。对比分析不仅能够帮助企业发现预算执行中的问题，还能够为企业制定改进措施提供数据支持。一是预算执行的对比分析能够揭示出预算执行中的差异和问题。通过对预算执行数据与预算目标的对比分析，企业可以识别出哪些指标的执行效果优于预期，哪些指标存在较大的差异和问题。例如企业可以通过对比分析识别出销售收入、成本支出、利润等关键指标的执行效果，并分析这些差异产生的原因。在找出问题后，企业可以针对这些问题制定相应的改进措施，确保未来的预算执行效果更加符合预期目标。二是对比分析还可以帮助企业评估预算执行的整体效果，并为企业制定改进措施提供数据支持。通过对预算执行数据的多维度对比分析，企业可以从多个角度全面了解预算执行的实际效果，并找出预算执行中的优劣之处。例如企业可以通过对比不同部门、不同时间段、不同项目的预算执行数据，识别出预算执行中的最佳实践和问题所在，并将这些经验和教训应用到未来的预算执行过程中，提高预算执行的整体效果。此外对比分析还可以帮助企业识别出预算执行中的关键成功因素，从而在预算管理过程中加强对这些因素的管理和控制，确保预算执行的成功。

(五) 预算执行的效益分析

预算执行的效益分析是企业在预算管理中进行的一种重要分析方法，通过对预算执行的成本效益进行分析，企业可以评估预算执行的实际效果，并为企业的资源配置和经营决策提供支持。效益分析不仅能够帮助企业提高预算执行的效率，还能够为企业实现财务目标提供保障。一是预算执行的效益分析能够帮助企业评估预算执行的实际效果。通过对预算执行的成本效益进行分析，企业可以了解预算执行中的资源使用效率，评估预算执行的经济效益和社会效益。例如企业可以通过效益分析评估不同项目的预算执行效果，了解哪些项目的预算执行效益较高，哪些项目的预算执行效益较低，并根据分析结果优化资源配置，提高预算执行的整体效益。此外效益分析还可以帮助企业评估预算执行中的风险和收益，为企业制定未来的经营决策提供数据支持。二是效益分析还可以帮助企业优化预算执行的管理流程，提高预算执行的效率和效果。通过对预算执行的成本效益进行分析，企业可以识别出预算执行中的浪费和不足之处，并通过优化管理流程、改进资源配置、加强内部控制等措施，提升预算执行的管理水平。例如如果企业通过效益分析发现某一项目的预算执行效益较低，企业可以通过优化该项目的管理流程，提高资源使用效率，减少不必要的成本支出，确保预算执行的效益最大化。此外效益分析还可以帮助企业识别出预算执行中的潜在风险，从而在预算执行过程中提前采取预防措施，降低预算执行的风险，确保财务目标的实现。

预算执行分析是企业财务管理中的关键环节，通过有效的预算执行分析，企业可以全面了解预算执行的实际效果，发现执行过程中的问题，并为后续的预算调整和编制提供依据。预算执行分析包括差异分析、趋势分析、因果分析、对比分析和效益分析等多种方法，这些方法共同作用，帮助企业提高预算的执行力和有效性。在实际操作中，企业应根据自身的实际情况，选择合适的分析方法，并结合实际的经营数据，进行深入的分析和研究，制定针对性的改进措施，确保预算执行的效果最大化。

第三章 财务控制与财务分析工作

第一节 财务控制的概述

一、财务控制的概念与特征

财务控制是企业财务管理的重要组成部分，通过有效的财务控制，企业可以确保财务活动的规范性和合理性，提高财务管理的效率和效果。财务控制不仅涉及财务资源的管理和分配，还包括对财务活动的监督和控制。了解财务控制的概念与特征，有助于企业更好地实施和优化财务控制，提高财务管理的整体水平。

（一）财务控制的概念

财务控制是指企业通过一系列制度、方法和措施，对财务活动进行监督、调节和控制，以确保财务资源的合理配置和使用，实现企业财务目标的过程。财务控制的核心在于对财务活动的全过程进行监控和管理，确保财务活动的合法性、合理性和有效性。

一是财务控制的基本内涵，财务控制是企业财务管理的核心环节，其基本内涵包括对财务活动的规划、组织、监督和调节。财务控制通过制定财务计划和预算，明确财务目标和资源分配方案，为企业的财务活动提供指导和方向。财务控制通过建立健全的财务管理制度和流程，规范财务活动的开展。确保财务资源的合理配置和有效使用。最后财务控制通过对财务活动的监督和评估，及时发现和纠正财务管理中的问题，确保财务目标的实现。

二是财务控制的重要性，财务控制在企业财务管理中具有重要地位，其重要性主要体现在以下几个方面。财务控制可以提高企业财务管理的效率和效果，通过科学合理的控制措施，企业可以优化资源配置，提高财务资源的使用效率。财务控制可以降低企业财务风险，通过对财务活动的全过程监控，企业可以及时发现和防范财务风险，确保财务活动的合法性和安全性。最后财务控制可以促进企业财务目标的实现，通过对财务活动的监督和评估，企业可以及时调整财务策略，确保财务目标的顺利实现。

（二）财务控制的特征

财务控制的全面性、动态性、科学性、适应性和预见性是确保企业财务管理有效性的关键。全面性体现在对财务活动全过程的监督，包括资金管理、成本控制等，确保财务活动的规范性。动态性则强调根据实际情况和外部变化，及时调整财务策略，提高财务管理的适应性和灵活性。科学性要求基于科学方法进行财务数据分析，确保控制措施的准确性。适应性和预见性则分别确保财务控制能够灵活应对环境变化，并通过对未来财务状况的预测，为规划提供依据。

一是全面性。财务控制的全面性体现在对财务活动的全过程进行监督和管理。财务控制覆盖企业的各个业务环节和部门，包括资金管理、成本控制、预算管理、财务报表等，通过全面的财务控制，企业可以确保各项财务活动的规范性和合理性。财务控制涉及财务活动的各个方面，包括财务计划的制定、财务预算的编制、财务活动的执行和财务结果的评估等，通过全面的控制措施，企业可以提高财务管理的整体水平。

二是动态性。财务控制的动态性体现在对财务活动的持续监控和调整。财务控制需要根据企业的实际情况和外部环境的变化，及时调整财务策略和控制措施，确保财务活动的适应性和灵活性。财务控制需要对财务活动的执行情况进行持续的监督和评估，及时发现和解决财务管理中的问题，提高财务控制的效果和绩效。通过动态的财务控制，企业可以提高财务管理的科学性和合理性，确保财务目标的实现。

三是科学性。财务控制的科学性体现在对财务活动的规划和管理需要基于科学的方法和工具。财务控制需要采用科学的分析方法和工具，对财务数据进行详细的分析和评估，确保财务控制的准确性和可靠性。财务控制需要建立健全的财务管理制度和流程，规范财务活动的开展，确保财务控制的科学性和规范性。通过科学的财务控制，企业可以提高财务管理的效率和效果，确保财务资源的合理配置和有效使用。

四是适应性。财务控制的适应性体现在对财务活动的调整和优化需要根据企业的实际情况和外部环境的变化进行调整。财务控制需要根据企业的发展战略和经营目标，及时调整财务控制的重点和方向，确保财务控制的适应性和灵活性。财务控制需要根据外部环境的变化，及时调整财务策略和控制措施，确保财务活动的合理性和有效性。通过适应性的财务控制，企业可以提高财务管理的科学性和合理性，确保财务目标的实现。

五是预见性。财务控制的预见性体现在对财务活动的规划和管理需要基于对未来财务状况的预测和分析。财务控制需要通过对财务数据的分析和评估，预测未来的财务状况和财务需求，为财务活动的规划和管理提供依据。财务控制需要根据预测结果，制定详细的财务计划和预算，确保财务活动的合理性和可行性。通过预见性的财务控制，企业可以提高财务管理的科学性和合理性，确保财务目标的实现。

财务控制是企业财务管理的重要组成部分。通过有效的财务控制，企业可以确保财务活动的规范性和合理性，提高财务管理的效率和效果。财务控制的概念与特征为企业实施和优化财务控制提供了理论基础和实践指导。通过了解财务控制的基本内涵和重要性，以及其全面性、动态性、科学性、适应性和预见性，企业可以提高财务管理的整体水平，确保财务目标的实现，促进企业的长期稳健发展和财务健康。

二、财务控制的主体与客体

财务控制作为企业财务管理的重要环节，其实施过程涉及多个主体和客体。财务控制的主体与客体相互作用，共同确保财务控制的有效性和科学性。通过明确财务控制的主体和客体，企业可以提高财务管理的效率和效果，确保财务目标的实现。下面从财务控制的主体和客体两个方面进行详细探讨。

（一）财务控制的主体

在财务控制过程中，主体的作用至关重要，不仅负责监督、管理和执行财务活动，还确保企业的财务管理符合既定目标和标准。不同主体在财务控制中承担着各自的职责，通过相互协调和配合，形成一个完整的财务控制体系。这种系统性的控制机制不仅有助于提高财务活动的透明度和合规性,还能通过有效的监督和反馈机制,不断优化企业的财务管理流程,提升整体管理水平和经营绩效。

一是企业管理层。企业管理层是财务控制的主要主体,负责制定和实施企业的财务控制政策和措施,确保财务活动的合法性和合规性。企业管理层通过制定财务控制的总体战略和目标,明确财务控制的方向和重点,确保财务控制的科学性和合理性。管理层还通过建立健全的财务管理制度和流程,规范财务活动的开展,提高财务控制的透明度和可操作性。最后,企业管理层通过对财务活动的监督和评估,及时发现和解决财务管理中的问题,确保财务目标的实现。

二是财务部门。财务部门是财务控制的执行主体,负责具体实施财务控制措施,确保财务活动的有效管理和控制。财务部门通过编制和执行财务预算,合理安排和使用财务资源,提高财务管理的效率和效果。通过定期编制财务报表和分析报告,财务部门能及时反映企业的财务状况和经营成果,为决策提供支持。最后,财务部门通过对各项财务活动的监督和控制,确保财务资源的合理使用和财务目标的实现,提高财务管理的整体水平。

三是审计部门。审计部门是财务控制的监督主体,负责对财务活动的合法性和合规性进行审查和评估,确保财务控制的有效性和科学性。审计部门通过定期开展内部审计,检查和评估财务活动的执行情况,及时发现和纠正财务管理中的问题。通过对财务报表和分析报告的审核,审计部门确保财务数据的准确性和真实性,提高财务管理的透明度和可信度。最后,审计部门通过对财务管理制度和流程的检查,评估财务控制的有效性和科学性,提出改进建议,提高财务管理的整体水平。

四是业务部门。业务部门是财务控制的重要参与主体,负责具体实施各项业务活动,确保财务控制措施的有效执行。业务部门通过编制和执行业务预算,合理安排和使用业务资源,提高业务活动的效率和效果。通过定期编制业务报表和分析报告,业务部门及时反映业务活动的执行情况,提供决策支持。最后,业务部门通过对各项业务活动的监督和控制,确保业务资源的合理使用和业务目标的实现,提高业务管理的整体水平。

五是全体员工。全体员工是财务控制的执行主体,通过具体实施各项财务控制措施,确保财务活动的规范性和合理性。员工通过遵守财务管理制度和流程,确保财务活动的合法性和合规性，提高财务管理的透明度和可操作性。全体员工通过积极参与财务控制活动，提供真实和准确的财务数据，支持财务管理的决策和执行。最后，全体员工通过对财务控制措施的监督和反馈，及时发现和解决财务管理中的问题，提高财务控制的效果和绩效。

（二）财务控制的客体

财务控制的客体涉及企业在财务管理中需要监督、管理和控制的具体事项。这些客体通过系统的管理和规范化操作，确保财务资源的高效配置和使用，进而实现企业的整体财务目标。客体的科学管理是财务控制得以顺利实施的基础，涵盖了从资金管理到内部控制制度的各个方面。通过全面、动态和科学的管理，企业能够优化财务流程，提高财务决策的准确性和有效性，确保财务管理的透明性和可操作性。

一是资金管理。资金管理是财务控制的重要客体，通过有效的资金管理，企业可以确保资金的合理使用和安全性，并提高财务管理的效率和效果。资金管理包括资金的筹集、使用和控制等各个环节，通过科学合理的资金管理，企业可以确保资金的充足性和流动性，以满足企业的经营需求。资金管理还涉及对资金的监督和评估，企业通过监控和分析资金流动，能够及时发现并解决资金管理中的问题，从而提高资金管理的透明度和可控性。此外资金管理还包括对资金使用的效果评估，通过对资金使用情况的评估和反馈，企业可以优化资金配置，提高资金的使用效率，实现既定的管理目标。

二是成本控制。成本控制是财务控制的重要客体，通过有效的成本管理，企业能够降低生产和经营成本，从而提高经济效益和市场竞争力。成本控制包括对生产成本、管理成本以及销售成本的各类控制，通过科学合理的成本管理，企业可以降低各项成本并提升整体经济效益。成本控制还涵盖了对成本支出的监督和评估，通过监控和分析成本支出，企业能够及时发现并解决管理中的问题，进而提高成本控制的透明度和可控性。最后，成本控制还涉及对成本管理效果的评估和反馈，企业通过对管理效果的分析，可以优化成本控制措施，提升管理效果，实现成本管理的目标。

三是预算管理。预算管理是财务控制的重要客体，通过有效的预算管理，企业能够合理安排和使用财务资源，提高财务管理的效率和效果。预算管理包括预算的编制、执行和控制等环节，通过科学合理的预算管理，企业可以确保财务资源的合理配置与使用，进而实现财务目标。预算管理还包括对预算执行情况的监督和评估，企业通过监控和分析预算执行情况，能够及时发现并解决预算管理中的问题，提高预算管理的透明度和可控性。最后，预算管理涉及对预算执行效果的评估和反馈，通过分析和反馈，企业可以优化预算管理，提升控制效果，实现预算管理的目标。

四是财务报表。财务报表是财务控制的重要客体，通过编制和分析财务报表，企业能够全面了解财务状况和经营成果，从而为财务决策提供重要依据。财务报表包括资产负债表、利润表和现金流量表等，科学合理的报表编制能提供真实准确的财务数据，确保财务管理的透明度和可信度。财务报表还涉及对财务数据的分析和评估，通过详细分析，企业能够发现并解决管理中的问题，提升管理的科学性和合理性。最后，财务报表包括对财务结果的评估和反馈，企业通过评估和反馈，能够优化财务管理，提升控制效果，实现财务管理的目标。

五是内部控制制度。内部控制制度是财务控制的重要客体，通过建立和完善内部控制制度，企业可以规范财务活动，提高管理的效率和效果。内部控制制度涵盖对各类财务活动的规范与控制，通过科学合理的控制制度，企业能够确保财务活动的合法性与合规性，提高管理的透明度与可操作性。内部控制制度还包括对财务活动的监督和评估，企业通过详细监督和分析，能够及时发现并解决内部控制中的问题，从而提高制度的科学性与合理性。最后，内部控制制度涉及对控制效果的评估和反馈，通过评估和反馈，企业可以不断优化内部控制制度，提高管理效果，实现内部控制的目标。

三、财务控制的基本内容

财务控制是企业财务管理中的重要组成部分，通过系统的控制机制和措施，企业可以有效地管理和监督财务活动，实现财务目标。财务控制的基本内容主要包括预算控制、成本控制和资金控制。了解这些内容，有助于企业全面提升财务管理水平，确保财务活动的规范性和合理性。

（一）预算控制

预算控制是企业财务管理中至关重要的组成部分，通过科学合理的预算编制、严格的预算执行以及灵活的预算调整，企业能够有效分配和利用资源，确保财务目标的实现。预算控制不仅帮助企业明确财务目标，还为资源分配提供了明确的框架，确保各部门在既定的预算范围内开展工作。预算控制的有效性直接影响企业的财务稳健性和运营效率，因此企业必须建立健全的预算管理制度，确保预算控制的科学性、透明性和可操作性。

一是预算编制。预算编制是预算控制的起点，通过科学合理的预算编制，企业可以明确财务目标和资源分配方案，为预算执行提供依据。企业应根据战略目标和经营计划，编制详细的年度预算和月度预算，确保预算的科学性和可操作性。企业需要建立健全的预算编制制度和流程，明确各部门的职责和任务，提高预算编制的规范性和透明性。预算编制时，应综合考虑市场环境、企业内部资源和未来发展规划，确保预算目标的实现。同时企业还需对历史数据进行深入分析，以确保预算编制的准确性和合理性。

二是预算执行。预算执行是预算控制的关键，通过严格的预算执行，企业可以确保各项预算的落实，提高资源的使用效率和效果。企业应根据预算安排，合理分配和使用各项资源，确保预算目标的实现。为了确保预算执行的有效性，企业需要对预算执行情况进行定期监控和分析，及时发现和解决预算执行中的问题。企业应建立一套完整的预算执行监督机制，通过实时的数据跟踪和分析，确保预算的各项支出都在计划范围内进行。通过严格的预算执行，企业可以有效控制成本，避免资源浪费，提高整体运营效率。

三是预算调整。预算调整是预算控制的重要环节，通过合理的预算调整，企业可以应对实际情况的变化，确保预算的合理性和可行性。在实际经营过程中，企业会遇到市场环境变化、政策调整等不可预见的情况，这时，及时调整预算显得尤为重要。企业应根据实际经营情况和市场环境的变化，及时调整预算，确保预算的灵活性和适应性。企业应建立健全的预算调整制度和流程，明确预算调整的权限和程序，提高预算调整的规范性和透明性。预算调整不仅仅是对原有预算的修改，更是一种管理优化的手段，通过合理的调整，企业可以确保资源的最佳配置，保障经营目标的实现。

（二）成本控制

成本控制是企业财务管理的核心组成部分，通过有效的成本管理，企业可以在激烈的市场竞争中保持优势，提升经济效益。成本控制涉及多个环节，从成本预测到成本核算，再到成本分析，各环节相互关联，确保企业资源的有效利用和成本的最优化。为了实现成本控制的目标，企业必须建立健全的管理制度和流程，明确各部门的职责，通过科学的方法对成本进行预测、核算和分析，从而提高企业的整体竞争力和市场地位。

一是成本预测。成本预测是成本控制的起点，通过科学合理的成本预测，企业可以明确成本目标和控制标准，为后续的成本控制提供坚实的依据。企业应根据历史数据和市场分析，进行详细的成本预测，确保预测的准确性和可靠性。为了使预测更具可操作性，企业需要建立健全的成本预测制度和流程，明确各部门的职责和任务，提高成本预测的规范性和透明性。在实际操作中，成本预测不仅要考虑当前的市场环境，还要结合未来的趋势变化，确保预测结果能够有效指导企业的成本控制工作。企业还应定期审查和调整成本预测，以应对市场环境和内部条件的变化，确保预测的持续有效性。

二是成本核算。成本核算是成本控制的关键，通过严格的成本核算，企业可以全面了解和分析实际成本情况，从而发现并解决成本管理中的问题。企业应根据成本预测，制定详细的成本核算方案，确保核算过程的科学性和可操作性。具体而言，企业需要对各项成本进行详细核算，包括直接材料、人工成本、制造费用等，及时发现和解决成本核算中的问题，以提高核算的准确性和可靠性。在核算过程中，企业还应建立内部控制机制，确保成本数据的真实性和完整性，防止出现虚报、瞒报成本的情况。企业应定期核对核算数据，与实际运营情况相匹配，及时调整核算方法，确保成本核算的科学性和准确性。

三是成本分析。成本分析是成本控制的重要环节，通过详细的成本分析，企业可以深入了解成本构成和变化情况，从而发现并解决成本管理中的问题。企业应对实际成本与预测成本进行详细对比，找出差异并分析原因，以确保成本分析的科学性和合理性。成本分析不仅要涵盖所有主要的成本项目，还要考虑到各个环节之间的关联性,以全面了解成本的驱动因素和变化趋势。在进行成本分析时,企业应特别关注异常波动的成本项目,找出潜在的问题并采取相应措施。通过成本分析,企业可以优化资源配置,减少不必要的开支,提高成本控制的效果和绩效,从而增强企业的市场竞争力。

(三) 资金控制

资金控制是企业财务管理中的关键环节,通过有效的资金控制,企业能够确保资金的合理配置和安全使用,从而提高财务管理的整体效率。资金控制涵盖了从计划到使用再到监督的全过程,确保企业在运营过程中拥有充足的资金流动性和财务稳健性。通过建立健全的资金管理制度和流程,企业能够明确各部门的职责和任务,确保资金管理的规范性和透明性,最终实现财务目标,保障企业的长期发展。

一是资金计划。资金计划是资金控制的起点,通过科学合理的资金计划,企业可以明确资金需求和使用方案,为资金控制提供依据。企业应根据经营计划和资金需求,编制详细的资金计划,确保计划的科学性和可操作性。在资金计划的编制过程中,企业需要考虑到未来资金需求变化,并为潜在的资金缺口做好准备。为此企业应建立健全的资金计划制度和流程,明确各部门的职责和任务,提高资金计划的规范性和透明性。通过对市场环境、现金流状况和项目需求的详细分析,企业可以确保资金计划不仅能满足当前运营的需求,还能支持未来的发展计划。

二是资金使用。资金使用是资金控制的关键,通过合理的资金使用,企业可以提高资金的使用效率和效果,实现资金的最大价值。企业应根据资金计划,合理分配和使用资金,确保资金的合理配置和有效使用。在资金使用过程中,企业需要严格按照既定的资金计划执行,同时对资金的流动性进行动态监控,确保资金在各个业务环节中的有效运作。企业还应建立定期的资金使用分析制度,及时发现和解决资金使用中的问题,确保资金使用的有效性和可控性。通过科学的资金使用管理,企业可以有效控制成本,减少资金浪费,从而提高企业的整体运营效率和财务绩效。

三是资金监督。资金监督是资金控制的重要环节,通过严格的资金监督,企业可以确保资金的安全性和流动性，防范资金风险。企业应建立健全的资金监督制度和流程，明确资金监督的职责和权限，提高资金监督的规范性和透明性。资金监督不仅包括对资金使用情况的审核，还涉及对资金流动全过程的监控，确保每一笔资金的使用都符合企业的财务政策和战略目标。企业应对资金使用情况进行定期审核和评估，及时发现和解决资金管理中的问题，提高资金监督的效果和绩效。通过有效的资金监督，企业能够防范财务风险，确保资金的安全性和流动性，从而支持企业的长期稳健发展。

财务控制是企业财务管理的重要组成部分，通过有效的预算控制、成本控制和资金控制，企业可以确保财务活动的规范性和合理性，提高财务管理的效率和效果。通过了解财务控制的基本内容，企业可以全面提升财务管理水平，确保财务活动的科学性和可操作性，实现企业的财务目标，促进企业的长期稳健发展和财务健康。

四、财务控制的原则

财务控制的有效实施依赖于一系列科学的原则，通过遵循这些原则，企业可以确保财务活动的规范性和合理性，提高财务管理的效率和效果。财务控制的原则包括合法合规性原则、全面性和系统性原则、内部牵制原则、成本与效益原则、信息反馈原则以及权责明确、奖惩结合原则。了解并遵循这些原则，有助于企业优化财务控制，提升财务管理水平。

（一）合法合规性原则

合法合规性原则是企业财务管理的基石，通过严格遵循法律法规和内部规章制度，企业能够确保其财务活动的合法性和合规性，有效降低财务风险。该原则不仅要求企业在日常运营中遵守外部法律法规，还需内化为企业的管理制度，确保每一项财务活动都在合法合规的框架内进行。此外真实可靠的财务报告是企业财务透明度的体现，能够增强外部信任和内部管理的有效性。企业在实施财务控制时，必须确保各项财务操作和报告都符合规范，为企业的长期健康发展奠定坚实基础。

一是遵守国家法律法规。企业在实施财务控制时，必须严格遵守国家的各项法律法规，以确保财务活动的合法性。企业应当熟悉并理解相关的财务法律法规，包括《会计法》《税法》《审计法》等，确保其财务控制措施符合法律要求。为了避免潜在的财务风险和法律责任，企业应建立健全的内部审计制度，定期对财务活动进行审计，确保每一项财务操作都符合国家的法律规定。内部审计不仅可以发现财务活动中的违规行为，还能够为企业的财务管理提供改善建议，进一步完善财务控制体系。在具体操作中，企业应对相关人员进行定期培训，确保他们掌握最新的法律法规，并在日常工作中严格执行。此外企业应与法律顾问保持紧密合作，及时获取法律更新信息，确保企业的财务活动始终处于合法合规的状态。

二是遵循企业内部规章制度。除了外部法律法规，企业在实施财务控制时，还必须严格遵循内部的规章制度，以确保财务活动的规范性和合规性。企业应制定详细的财务管理制度和流程，明确各项财务活动的操作规范和要求，确保财务控制的科学性和操作性。这些内部制度应该包括资金管理、成本控制、预算编制等方面，覆盖企业所有财务活动。为了保证这些制度的有效执行，企业应定期对财务管理制度和流程进行检查和更新，确保其适应企业的发展和外部环境的变化。通过定期审查，企业可以及时发现制度中的不足之处，并做出相应调整，以适应新的业务需求和外部监管要求。企业还应建立严格的财务管理监督机制，确保各部门在执行财务控制措施时不偏离既定的规章制度。同时为了提高制度执行的效果，企业需要加强对员工的制度培训，使他们深入理解并严格遵守各项财务操作规范，从而确保财务控制的规范性和科学性。

三是确保财务报告的真实可靠。企业在实施财务控制时，必须确保财务报告的真实可靠，避免虚假信息和误导性报告。企业应建立健全的财务报告制度，明确财务报告的编制要求和审核流程，以确保财务报告的准确性和完整性。真实的财务报告不仅是企业对外沟通的桥梁，也是内部决策的重要依据。为了确保财务数据的真实性和可靠性，企业应对财务报告进行定期审计，及时发现和纠正存在的错误和偏差。定期审计有助于企业维护财务信息的透明度，增强外部投资者、监管机构和内部管理层的信任。同时企业还应制定严格的财务报告审核机制，确保每一份财务报告在发布前都经过详细审查，避免因信息不准确导致的财务风险和法律责任。通过建立和完善财务报告制度，企业可以提高财务管理的透明度和公信力，为企业的长远发展提供保障。

（二）全面性和系统性原则

全面性和系统性原则在财务控制中起着至关重要的作用，通过全面覆盖企业的各项业务活动和系统化管理，企业可以确保财务活动的整体协调与有效控制。这种全面性和系统性的财务控制，不仅涵盖了企业的所有业务环节，还加强了各部门间的财务协调和信息共享，使得财务控制更加高效和规范。系统化的财务管理信息系统，则为企业提供了一个稳定且适应性强的平台，确保财务控制的持续有效性。通过这些措施，企业能够提高财务管理的整体水平，确保财务目标的实现。一是覆盖企业各个业务环节。财务控制应覆盖企业的各个业务环节，确保所有财务活动都在控制范围内。企业需要对各个业务环节进行详细分析，明确每个环节的财务控制要求，以确保财务控制的全面性。为此企业应建立健全的财务控制制度和流程，覆盖生产、采购、销售、研发等各个环节。通过全面的财务控制，企业可以在每个环节都保持对财务活动的有效管理和监控，避免任何环节出现漏洞或管理盲点。此外企业还应根据业务发展的需求，动态调整和完善财务控制流程，确保其与企业的实际运营情况相匹配。通过对各个业务环节的全面覆盖，企业能够确保财务活动的整体协调和有效控制，提高财务管理的整体水平。

二是协调各部门的财务活动。财务控制应协调各部门的财务活动，确保各部门之间的财务协调和信息共享。企业需要建立部门间的财务沟通机制，确保各部门的财务信息能够及时传递和共享，提高财务控制的协调性和效率。为了实现这一目标，企业应对各部门的财务活动进行整体规划和管理，确保各部门的财务目标与企业整体财务目标一致。通过建立财务信息共享平台，各部门能够实时获取和更新财务数据，避免因信息不对称导致的管理失误或资源浪费。此外企业应定期组织跨部门的财务协调会议，及时解决各部门在财务控制中遇到的问题，确保财务活动的顺畅进行。通过协调各部门的财务活动，企业能够增强财务控制的整体性和一致性，提高财务管理的效率和效果。

三是系统化的财务管理。财务控制应通过系统化管理，确保财务活动的整体协调和有效控制。企业需要建立财务管理信息系统，对各项财务活动进行系统化管理和监控，从而提高财务控制的效率和效果。财务管理信息系统不仅能帮助企业实现对财务数据的集中管理,还能通过数据分析为决策提供支持,提升财务管理的科学性。为了确保系统的稳定性和适应性,企业应对财务管理信息系统进行定期维护和升级,确保其能够持续满足企业的财务管理需求。通过系统化的管理,企业可以实现财务控制的标准化和规范化,避免人工操作中的错误和疏漏。系统化管理还使得企业能够快速响应市场变化和内部调整,及时优化财务控制策略,确保财务目标的实现。通过系统化的财务管理,企业能够在复杂的市场环境中保持财务活动的高效运作,确保财务管理的长效性和可操作性。

(三) 内部牵制原则

内部牵制原则是确保企业财务管理有效性和防范风险的重要手段。通过明确职责分工、建立相互制约与监督机制以及确保信息的透明与公开,企业可以确保财务活动的规范性和合理性。该原则不仅有助于分散财务决策的风险,还能通过多方监督,防止财务操作中的错误和舞弊行为。此外信息的透明与公开使得企业内部各层级能够及时了解财务状况,从而增强财务管理的整体效率和公信力。这些措施共同作用,保障企业财务活动的稳健运行。

一是明确职责分工。企业在实施财务控制时,必须明确各部门和岗位的职责分工,以确保各项财务活动的规范性和合理性。通过对各部门和岗位职责的详细划分,企业能够明确各项财务活动的责任主体,从而增强财务控制的有效性。在职责分工中,企业应建立健全的财务管理制度,明确各部门和岗位的操作规范和要求,确保每一项财务操作都有明确的责任人和执行标准。这不仅可以避免因职责不清导致的推诿和责任不明,还能提高财务活动的执行效率。在实际操作中,企业应定期检查和调整职责分工,确保其与业务发展相匹配,从而维持财务管理的规范性和科学性。

二是相互制约与监督。企业在实施财务控制时,必须建立相互制约与监督机制,确保各项财务活动的透明性和公正性。通过建立部门间的相互制约机制,企业可以实现各部门在财务活动中的相互监督和制衡,从而提高财务控制的透明性和公正性。相互制约机制不仅能防止单一部门或个人在财务管理中滥用权力,还能通过多方审核,确保财务活动的合法性和合规性。为此企业应建立内部审计制度,定期对各项财务活动进行审计,以便及时发现并纠正潜在的问题和风险。内部审计不仅有助于提升财务管理的整体规范性，还能为企业制定更为科学的财务管理策略提供依据。

三是信息透明与公开。企业在实施财务控制时，必须确保财务信息的透明和公开，以避免信息不对称和内部舞弊行为。通过建立财务信息公开制度，企业可以明确财务信息公开的范围和要求，确保财务信息的透明性和公正性。信息的透明与公开不仅能够增强企业内部的信任度，还能为企业的外部审计和监管提供有力支持。为确保这一原则的有效执行，企业应对财务信息进行定期公开，使得各部门和岗位能够及时了解财务状况。这种信息的共享和透明化，不仅提高了财务控制的透明性和公正性，还能促使各部门在财务管理中更加自律，减少因信息不对称而导致的管理失误和内部纠纷。通过这些措施，企业能够有效防范财务风险，确保财务管理的持续稳健发展。

（四）成本与效益原则

成本与效益原则是财务控制的核心，通过科学合理的成本与效益分析，企业能够在有限的资源中实现最大的经济效益和社会效益。这一原则不仅有助于优化企业的财务资源配置，还能够提升财务管理的整体效能和可持续发展能力。在实际操作中，企业需要在成本控制、效益分析以及资源配置优化三个方面下足功夫，以确保每一项财务活动都能为企业带来预期的效果，从而实现财务管理的最大化效益。一是企业在实施财务控制时，必须加强成本控制。成本控制是确保财务资源合理使用和有效配置的重要环节。企业应对各项财务活动的成本进行详细分析，明确成本控制的重点和目标，确保成本控制的科学性和可操作性。此外企业还应建立健全的成本控制制度和流程，明确各项财务活动的成本控制要求，从而提高成本控制的规范性和有效性。二是效益分析是财务控制中的另一关键环节。企业在进行财务控制时，必须对各项财务活动进行详细的效益分析，以确保经济效益和社会效益的实现。企业应通过评估，明确效益分析的重点和目标，确保效益分析的科学性和合理性。同时企业还应建立健全的效益分析制度和流程，明确各项财务活动的效益分析要求，以提高效益分析的规范性和有效性。三是优化资源配置是企业在财务控制过程中不可忽视的重要方面。企业在实施财务控制时，必须对各项财务资源进行详细分析，明确资源配置的重点和目标，确保资源配置的科学性和合理性。企业应建立健全的资源配置制度和流程，明确各项财务资源的配置要求，从而提高资源配置的规范性和有效性。通过以上三个方面的努力，企业可以在财务控制中实现资源的最优配置，进而最大化财务活动的经济效益和社会效益，为企业的长远发展奠定坚实的基础。

（五）信息反馈原则

信息反馈原则是财务控制中的关键，通过及时、准确的信息反馈，企业可以全面掌握财务活动的实际情况，迅速发现并解决管理中的问题，从而保障财务控制的有效性和可持续性。信息反馈不仅涉及信息的收集和传递，还包括问题的发现与反馈处理。企业在实践中需要完善信息收集、信息传递以及问题反馈的机制，以确保财务信息的准确性、及时性和有效性，从而为财务管理提供坚实的支持。一是及时的信息收集。企业在实施财务控制时，必须确保财务信息的及时收集，以真实反映财务活动并进行有效控制。为此企业应建立健全的财务信息收集机制，确保各项财务信息能够及时、全面地被收集和整理。这不仅有助于提高信息收集的效率，还能确保财务信息的准确性和可靠性。通过对收集的信息进行详细的分析和评估，企业能够进一步提高信息反馈的有效性，从而为后续的财务决策提供有力的支持。二是有效的信息传递。信息的有效传递是财务控制中的另一重要环节。企业在实施财务控制时，必须确保财务信息能够顺畅地传递，确保各部门和岗位及时了解最新的财务状况。为了达到这一目标，企业应建立科学的财务信息传递机制，确保财务信息能够及时传递和共享。企业还应对传递的财务信息进行详细的检查和核实，以确保信息传递的准确性和可靠性。这一环节的高效运行，将进一步提高信息反馈的有效性，为财务管理提供及时、准确的参考依据。三是及时的问题反馈。问题反馈机制是保障财务控制有效性的重要手段。企业在实施财务控制时，必须确保财务问题能够及时反馈，以便迅速发现和解决财务管理中的问题。为此企业应建立健全的问题反馈机制，确保各类财务问题能够及时反馈和处理。通过对反馈问题的详细分析和评估，企业可以确保问题解决的科学性和合理性，从而进一步提高信息反馈的有效性。问题反馈机制的完善，能够帮助企业在财务管理中做到有的放矢，及时调整策略，确保财务控制的持续有效。通过以上三个方面的努力，企业能够在财务控制中实现信息反馈的全面优化,进而保障财务活动的透明度和决策的科学性,为企业的可持续发展奠定坚实的基础。

(六)权责明确、奖惩结合原则

权责明确、奖惩结合原则是企业财务控制中不可或缺的重要原则,通过明确各部门和岗位的责任,并有效结合奖惩机制,企业能够显著提升财务管理的效率与效果。在实际操作中,明确权责有助于保障各项财务活动的规范性,而奖惩机制则激励员工积极主动地参与财务管理。此外持续改进财务管理则确保了企业能够在快速变化的市场环境中保持财务控制的有效性与可持续性。这三个方面的相互配合,可以为企业的长远发展奠定坚实的基础。一是明确权责。企业在实施财务控制时,必须清晰划分各部门和岗位的权责,以确保财务活动的规范性和合理性。通过详细划分权责,企业能够明确每项财务活动的责任主体,从而提高财务控制的有效性。为实现这一目标,企业应建立健全的权责制度和流程,明确各部门和岗位的操作规范和要求。这不仅提高了财务控制的规范性,也使得整个财务管理过程更加科学、有序。二是结合奖惩机制。在财务控制过程中,企业必须有效结合奖惩机制,以确保财务活动的积极性和主动性。通过建立财务奖惩机制,企业可以明确奖惩的标准和要求,确保奖惩机制的公正性和透明性。企业应对各项财务活动的表现进行详细评估,并根据评估结果进行奖惩,以提高财务控制的激励效果和整体绩效。这样一来,员工在日常工作中会更加积极主动地遵循财务控制的各项规定,从而为企业带来更高的经济效益和管理效能。三是持续改进。企业在实施财务控制时,必须注重财务管理的持续改进,以确保各项财务活动的有效性和可持续性。企业应定期检查和评估财务管理的各项活动,及时发现并解决存在的问题。这种持续改进的方式,可以不断优化和提升财务管理的科学性和合理性。根据检查和评估的结果,企业可以进一步对财务管理进行优化,从而确保财务活动的规范性和有效性。这不仅提高了财务控制的效果和绩效,还为企业的持续发展提供了强有力的支持。通过以上三个方面的努力,企业能够在财务控制中实现权责明确、奖惩结合以及持续改进的有机结合,从而最大化财务管理的效益与绩效,助力企业在市场竞争中取得更大的成功。

财务控制的原则为企业实施和优化财务控制提供了理论基础和实践指导,通过遵循合法合规性原则、全面性和系统性原则、内部牵制原则、成本与效益原则、信息反馈原则以及权责明确、奖惩结合原则，企业可以提高财务管理的整体水平，确保财务活动的规范性和合理性，实现企业的财务目标，促进企业的长期稳健发展和财务健康。

五、财务控制的基本方法

财务控制的基本方法是确保企业财务活动有效运行的重要手段，通过科学合理的控制方法，企业可以提高财务管理的效率和效果，降低财务风险，确保财务目标的实现。财务控制的基本方法包括不相容职务相互分离控制法、授权批准控制法、预算控制法、财产保全控制法和风险控制法。了解并掌握这些方法，有助于企业优化财务控制，提升财务管理水平。

（一）不相容职务相互分离控制法

不相容职务相互分离控制法是确保企业财务活动安全性和规范性的重要手段。通过分离不相容的职务，企业可以有效防范内部舞弊和操作错误，建立起更加稳健的内部控制系统。这一方法不仅能够提高财务管理的透明性和公正性，还能通过相互制约机制，强化各岗位之间的监督与制衡。此外通过案例分析，企业能够更好地理解和应用该方法，提升财务管理的实际效果。这些措施相互结合，为企业的财务安全提供了坚实的保障。

一是明确职责分工。不相容职务相互分离控制法的核心在于清晰划分各岗位的职责，确保每个岗位的职能不重叠。企业应对各岗位的职责进行详细划分，明确各项财务活动的责任主体，从而保证职务分工的科学性和合理性。企业应建立健全的岗位职责制度，明确每个岗位的操作规范和要求。这不仅提高了职责分工的透明性和规范性，也确保了各项财务活动的有序进行。

二是建立相互制约机制。不相容职务相互分离控制法还要求建立起相互制约的机制，以确保各岗位之间的相互监督和制衡，防止舞弊行为的发生。企业应设计并实施岗位之间的相互制约制度，确保在财务活动中各岗位能够相互监督与制衡。这种机制的存在，不仅提高了财务控制的透明性和公正性，还能在一定程度上减少内部控制的风险。企业还应对相互制约机制进行定期检查和评估，以确保其有效运行,从而提升财务控制的整体效果和绩效。

三是防范内部舞弊。通过将不相容职务分离开来,企业能够有效防范内部舞弊行为,确保财务活动的安全性和合法性。企业应特别关注财务活动中的高风险岗位,并对这些岗位进行重点监控,确保其职能被合理分离,从而降低舞弊风险。此外企业还应建立健全的内部举报和审计制度,鼓励员工积极发现和报告潜在的舞弊行为。通过这种方式,企业可以进一步提高财务活动的透明性和安全性。

四是提高内部控制效率。通过分离不相容职务,企业不仅能够有效防范舞弊行为,还可以提升内部控制的效率和效果。企业应对财务活动的各个环节进行详细分析,找出其中不相容的职务并合理分离,以提高内部控制的科学性和可操作性。为了确保内部控制的持续有效,企业还应定期对内部控制制度进行检查和优化,从而提升整体财务管理水平。

五是案例分析。通过实际案例的分析,企业能够更深入地理解和应用不相容职务相互分离控制法,从而提高财务控制的实际效果。例如某公司通过分离会计与出纳职务,成功避免了资金管理中的舞弊行为,显著提高了财务管理的透明性和安全性。这些案例为企业提供了宝贵的经验和借鉴,帮助他们在实际操作中更好地应用该控制方法。

通过明确职责分工、建立相互制约机制、防范内部舞弊、提高内部控制效率以及案例分析等手段,企业能够在财务控制中充分发挥不相容职务相互分离控制法的优势,从而实现财务活动的规范性、安全性和有效性。

(二) 授权批准控制法

授权批准控制法是确保企业财务活动合法性、规范性和高效性的关键手段。通过明确授权范围和严格审批程序,企业能够有效防范越权行为,提升决策效率,确保财务管理的整体效果。在实际操作中,企业需要建立健全的授权制度和审批流程,定期检查和优化各个环节,防范潜在的越权风险。同时企业可以通过案例分析更深入理解和应用这一控制方法,从而实现财务管理的最大效益。

一是明确授权范围。授权批准控制法的关键在于明确各级管理人员的授权范围,确保每个岗位的职权清晰明确。企业应根据管理层级和岗位职责,详细划分各级管理人员的授权范围，以确保授权的科学性和合理性。这不仅能使管理者在授权范围内有效开展工作，还能避免职责交叉带来的混乱和不必要的风险。为此企业应建立健全的授权制度，明确授权的程序和要求，以提高授权的透明性和规范性，确保每项财务活动在合法合规的前提下进行。

二是严格审批程序。授权批准控制法要求企业必须建立严格的审批程序，以确保所有财务活动都经过合法合规的审批流程。企业应设计并实施规范的审批流程，确保各项财务活动能够按照规定程序进行审批，从而提高审批的合法性和有效性。为了确保审批程序的持续有效，企业还应定期对审批流程进行检查和优化，找出潜在的问题并进行合理的调整，从而进一步提高财务控制的效率和效果。

三是防范越权行为。通过明确的授权和审批程序，企业可以有效防范管理人员的越权行为，确保财务活动的合法性和规范性。企业应对授权和审批的各个环节进行详细分析，找出潜在的越权风险，并采取合理的控制措施。为此企业应建立内部监督机制，对各项财务活动的授权和审批进行监督和检查，以确保授权和审批的合法性和规范性。这不仅能够有效防范越权行为，还能提高企业整体的管理水平。

四是提高决策效率。授权批准控制法不仅在防范风险方面发挥作用，还能够显著提高财务决策的效率和效果。通过合理优化授权和审批的流程，企业可以确保财务活动的及时性和可行性，从而更快速地响应市场变化和内部需求。企业应对授权和审批的流程进行详细分析，找出影响决策效率的因素，并进行合理的优化。此外企业还应建立健全的决策支持系统，提供准确、及时的财务信息，从而提高决策的科学性和可操作性。

五是案例分析。通过分析实际案例，企业可以更好地理解和应用授权批准控制法，从而提高财务控制的实际效果。例如某公司通过严格的授权和审批程序，成功避免了资金使用中的越权行为，显著提高了财务管理的透明性和规范性。这些案例为其他企业提供了宝贵的经验，帮助他们在实际操作中更有效地应用这一控制方法，从而提升整体财务管理水平。

通过明确授权范围、严格审批程序、防范越权行为、提高决策效率以及案例分析，企业能够在财务控制中充分发挥授权批准控制法的优势，从而确保财务活动的合法性、规范性和高效性，助力企业在竞争激烈的市场环境中稳步前行。

（三）预算控制法

预算控制法是企业财务管理中的关键工具，通过科学合理的预算编制、严格的预算执行以及及时的预算调整，企业能够有效地分配和利用资源，提升财务管理的整体效率和效果。这一方法不仅确保了资源的合理分配，还提高了财务管理的透明性和规范性。企业在实际应用中，需要通过预算评估来分析预算执行的效果，并通过案例分析学习和应用最佳实践，从而进一步优化财务管理。

一是预算编制。预算控制法的核心在于科学合理的预算编制，确保预算的可行性和准确性。企业应根据战略目标和经营计划，编制详细的年度预算和月度预算，确保预算的科学性和可操作性。为此企业应建立健全的预算编制制度和流程，明确各部门的职责和任务。这不仅提高了预算编制的规范性，也增强了预算编制的透明性，确保各项预算目标在执行过程中具有可操作性和指导性。

二是预算执行。预算控制法强调严格的预算执行，以确保各项预算的落实，提高资源的使用效率和效果。企业应根据预算安排，合理分配和使用各项资源，确保预算目标的实现。在实际操作中，企业应对预算执行情况进行定期监控和分析，及时发现和解决预算执行中的问题，以确保预算执行的有效性和可控性。通过严格的预算执行，企业能够更好地控制成本，提升财务管理的整体效益。

三是预算调整。预算控制法的一个重要环节是合理的预算调整，确保预算的灵活性和适应性。企业应根据实际经营情况和市场环境的变化，及时调整预算，确保预算的合理性和可行性。为此企业应建立健全的预算调整制度和流程，明确预算调整的权限和程序。这不仅提高了预算调整的规范性和透明性，也使得企业能够更加灵活地应对外部环境的变化，保持财务管理的稳健性和持续性。

四是预算评估。通过预算评估，企业可以全面了解预算执行的效果和绩效，发现并解决预算管理中的问题。企业应对实际执行结果与预算目标进行详细对比，找出差异并分析原因，以确保预算评估的科学性和合理性。此外企业应对各项预算项目进行详细评估，了解预算执行的效果和绩效。这一过程有助于提高预算管理的科学性和有效性，进而为未来的预算编制和执行提供重要参考。

五是案例分析。通过实际案例的分析，企业可以更好地理解和应用预算控制法，从而提高财务控制的实际效果。例如某公司通过严格的预算编制和执行，显著提高了资源的使用效率和财务管理的透明性，确保了预算目标的实现。这些案例为其他企业提供了宝贵的经验和教训，帮助他们在实际操作中更有效地应用预算控制法，以实现更优的财务管理效果。通过科学的预算编制、严格的预算执行、合理的预算调整、全面的预算评估以及实际案例的分析，企业能够在预算控制法的指导下，确保财务管理的规范性、有效性和持续性，从而在激烈的市场竞争中占据优势。

（四）财产保全控制法

财产保全控制法是确保企业财产安全性和完整性的重要财务控制方法。通过详细的财产登记与定期盘点、实施有效的财产保护措施，以及对财产使用进行严格监控，企业能够有效防范财产损失和舞弊行为。此外合理的财产评估与处置程序能够进一步确保企业财产的合理使用和管理。企业在实际操作中，通过学习和分析相关案例，可以更好地理解和应用这一控制方法，从而提升财务管理的实际效果和透明性。

一是财产登记与盘点。财产保全控制法的关键在于详细的财产登记与定期盘点，以确保财产信息的准确性和完整性。企业应对所有财产进行详细登记，并建立财产管理台账，确保每项财产信息的准确性和可靠性。为保证账目与实物的一致性，企业应定期对财产进行盘点，通过核对账目与实物及时发现和解决财产管理中的问题。这种做法不仅提高了财产管理的透明性，还增强了其规范性，确保财产始终处于良好的监管状态。

二是财产保护措施。财产保全控制法要求企业采取有效的财产保护措施，以确保财产的安全性和完整性。企业应对重要财产采取必要的保护措施，如投保和采取保密措施，以防止财产损失和舞弊行为的发生。同时企业应建立健全的财产管理制度和流程，明确各部门的职责和任务，从而提高财产管理的规范性和透明性。通过这些保护措施，企业能够有效地保障财产的安全性，减少财产管理中的风险。

三是财产使用监控。通过严格的财产使用监控，企业可以准确了解财产的实际使用情况，并及时发现和解决财产管理中的问题。企业应对重要财产的使用情况进行详细记录，确保其使用过程的透明性和可追溯性。定期的监控和分析能够帮助企业及时发现使用中的异常情况，从而采取相应措施解决问题。这一过程不仅提高了财产管理的效率和效果，还确保了财产在使用中的合理性和规范性。

四是财产评估与处理。财产保全控制法的重要环节之一是财产的评估与处理，旨在确保财产的合理使用和处置。企业应对重要财产进行定期评估，准确了解财产的实际价值和使用情况，以确保财产管理的科学性和合理性。同时企业应建立健全的财产处置制度和流程，明确财产处置的权限和程序，从而提高财产处置的规范性和透明性。通过合理的评估和处理，企业可以更好地管理和优化其财产资源，避免资源浪费和潜在损失。

五是案例分析。通过分析实际案例，企业可以更好地理解和应用财产保全控制法，从而提高财务控制的实际效果。例如某公司通过详细的财产登记和盘点，成功避免了财产管理中的舞弊行为，并显著提高了财产管理的透明性和安全性。这样的案例为其他企业提供了重要的参考，帮助他们在实际操作中更有效地应用财产保全控制法，提升财务管理的整体水平。通过科学的财产登记与盘点、有效的财产保护措施、严格的财产使用监控、合理的财产评估与处理，以及学习案例中的实际应用，企业能够充分利用财产保全控制法，确保财产管理的安全性、完整性和高效性，从而实现财务管理的优化与提升。

（五）风险控制法

风险控制法是企业财务管理中不可或缺的重要工具。通过系统化的风险识别、评估和管理，企业能够有效降低财务风险，提升财务管理的安全性和效能。这一方法不仅帮助企业及时发现和应对潜在的财务风险，还通过科学的风险评估和管理措施，确保财务活动的平稳运行。此外风险监控和实际案例分析进一步强化了风险控制的效果，使企业能够在复杂的财务环境中保持稳健的发展。

一是风险识别。风险控制法的首要任务是准确识别所有潜在的财务风险，以确保这些风险能够被及时发现和处理。企业应对所有财务活动进行详尽分析，找出潜在的风险点，确保风险识别的全面性和准确性。为此企业应建立健全的风险识别制度和流程，明确风险识别的职责和任务，从而提高风险识别的效率和效果。这一环节的关键在于全面覆盖和及时反应，使企业能够主动应对各种财务风险。

二是风险评估。科学合理的风险评估是风险控制法中的重要步骤,旨在确保财务风险的可控性和可管理性。企业应对已识别出的财务风险进行详细评估,确定每个风险的可能性和潜在影响,从而确保评估结果的科学性和合理性。随后,企业应对这些评估结果进行深入分析,并据此制定相应的风险管理策略,以提高风险管理的有效性和可操作性。这一过程帮助企业更清晰地理解风险的严重程度,并制定出有针对性的应对方案。

三是风险管理措施。通过制定和实施有效的风险管理措施,企业可以大幅降低财务风险,从而提高财务管理的安全性和效能。根据风险评估的结果,企业应制定详细的风险管理计划,确保这些措施的科学性和合理性。企业还应对这些措施进行定期检查和优化,以确保风险管理方案能够有效运行,并随着环境的变化及时调整,从而进一步提高财务管理的安全性和有效性。

四是风险监控。风险控制法还强调了持续的风险监控,以便企业了解风险管理的实际效果,并及时发现和解决潜在问题。企业应对所有财务活动进行定期监控,以确保风险管理措施的有效实施。与此同时企业应对风险管理的各个环节进行详细检查,及时发现管理中的薄弱环节,并采取相应的改进措施。这种持续的监控不仅提高了风险管理的效率,也增强了企业对风险的应对能力。

五是案例分析。通过分析实际案例,企业可以更好地理解和应用风险控制法,从而提高财务控制的实际效果。例如某公司通过科学的风险识别和评估,有效地降低了财务风险,显著提高了财务管理的安全性和有效性。这些成功的案例为其他企业提供了宝贵的经验和参考,使他们能够在实际操作中更有效地应用风险控制法,进而优化财务管理的整体水平。通过准确的风险识别、科学的风险评估、有效的风险管理措施、持续的风险监控,以及案例分析,企业可以充分利用风险控制法,确保财务管理的安全性、稳定性和高效性,从而在竞争激烈的市场中保持稳健发展。

财务控制的基本方法为企业实施和优化财务控制提供了实践指导,通过掌握不相容职务相互分离控制法、授权批准控制法、预算控制法、财产保全控制法和风险控制法,企业可以提高财务管理的效率和效果,降低财务风险,确保财务目标的实现。通过科学合理的财务控制方法,企业可以提升财务管理的整体水平,促进企业的长期稳健发展和财务健康。

第二节 责任中心与内部转移价格

一、责任中心

责任中心是企业内部财务管理的一种重要方式,通过设立不同的责任中心,企业可以有效地分解财务目标,明确各部门的职责和绩效考核标准,提高财务管理的效率和效果。责任中心主要包括成本中心、利润中心和投资中心,了解这些责任中心的特点和作用,有助于企业优化财务管理,提高整体运营水平。

(一)成本中心

成本中心是企业管理中以成本控制为核心目标的责任单位,通过严格的成本控制,企业能够有效降低运营成本,从而提高经济效益和市场竞争力。成本中心的主要职责包括明确成本控制目标、建立健全的成本控制制度,以及加强成本核算与分析。这些措施相辅相成,帮助企业在激烈的市场竞争中保持优势,并实现可持续发展。通过定期评估和优化成本管理策略,企业可以确保成本控制的效果和效率,从而实现长期的经济增长。

一是明确成本控制目标。成本中心的核心职责在于控制和降低成本,以确保企业的运营效率。企业应根据实际情况和市场需求,制定详细的成本控制目标,并明确各部门和岗位的成本控制责任。为了确保目标的合理性和可行性,企业应对成本控制目标进行定期评估和调整。这不仅有助于保持成本控制的效果,还能使企业在不断变化的市场环境中保持竞争力。

二是建立成本控制制度。成本中心需要通过建立健全的成本控制制度,确保成本控制的规范性和有效性。企业应制定详细的成本控制制度和流程,明确各项成本控制的具体操作规范和要求。为了保持制度的适应性和科学性,企业应对成本控制制度进行定期检查和优化。这种制度化的管理方式,有助于提高成本控制的效率和效果,从而为企业带来更大的经济效益。

三是加强成本核算与分析。成本中心应注重成本核算与分析,通过详细的成本核算和科学的成本分析，企业能够及时发现并解决成本管理中的问题。企业应建立健全的成本核算制度，确保各项成本数据的准确性和完整性。在此基础上，企业应对成本数据进行详细分析，找出成本控制中的薄弱环节，并提出改进措施。这一过程不仅提高了成本控制的效果和绩效，也为企业的决策提供了重要依据。通过明确成本控制目标、建立健全的成本控制制度以及加强成本核算与分析，企业能够在成本控制方面取得显著成效。成本中心作为企业内部的重要管理单元，在优化资源配置、提升运营效率和增强市场竞争力方面发挥着关键作用。随着企业对成本管理的重视程度不断提高，成本中心在企业管理中的地位和作用也将日益重要。这些措施的实施，不仅帮助企业在当前的市场环境中立于不败之地，还为企业的长期可持续发展奠定了坚实基础。

（二）利润中心

利润中心是企业管理中以利润为主要考核标准的责任单位。通过提高收入和有效控制成本，企业能够最大化利润，从而提升整体财务管理水平。利润中心的关键在于明确利润目标、优化收入管理以及严格控制成本支出。通过这些措施，企业不仅能够确保财务目标的实现，还能在激烈的市场竞争中保持持续的增长动力。定期评估和调整这些措施，可以确保企业在不断变化的市场环境中始终保持竞争优势。

一是明确利润目标。利润中心的核心职责是实现设定的利润目标，从而提高企业的经济效益。企业应根据实际情况和市场需求，制定详细的利润目标，并明确各部门和岗位的利润责任。为确保利润目标的合理性和可行性，企业应对这些目标进行定期评估和调整，以提高利润管理的效果，确保企业在竞争中稳步前行。

二是优化收入管理。利润中心在提高利润方面的重要任务是优化收入管理，通过科学合理的方法确保收入的稳步增长。企业应制定详细的收入管理制度和流程，明确各项收入管理的具体操作规范和要求。定期检查和优化这些管理制度，能够确保其适应性和科学性，从而提高收入管理的效率和效果，促进企业收入的持续增长。

三是控制成本支出。成本控制是利润管理中不可忽视的重要环节。利润中心应注重成本支出的控制，通过合理的成本管理，提高企业的利润率和经济效益。企业应制定详细的成本支出控制制度，明确各项成本支出的具体操作规范和要求。同时企业应对成本支出数据进行详细分析，找出成本控制中的薄弱环节，并提出改进措施，从而提高成本支出的效率和效果，最终实现利润的最大化。通过明确利润目标、优化收入管理和控制成本支出，企业可以有效提升利润中心的管理水平。这些措施不仅帮助企业实现财务目标，还为企业的长期可持续发展提供了坚实的基础。在不断变化的市场环境中，利润中心将继续发挥关键作用，推动企业在竞争中保持优势并实现稳健增长。

（三）投资中心

投资中心是以投资收益为核心考核标准的责任单位。通过科学合理的投资决策和管理，企业能够实现资本的增值，从而提升整体财务管理水平。投资中心的主要任务包括明确投资目标、优化投资组合以及加强投资风险管理。这些措施帮助企业在激烈的市场环境中实现投资收益的最大化，同时降低投资风险，确保财务的稳健运行。定期评估和调整这些策略，可以使企业在不断变化的市场中始终保持竞争优势。一是明确投资目标。投资中心的核心职责在于实现投资收益目标，以提高企业的资本增值能力。企业应根据实际情况和市场需求，制定详细的投资目标，并明确各部门和岗位的投资责任。为了确保投资目标的合理性和可行性，企业应定期对这些目标进行评估和调整，以提升投资管理的效果，确保资本能够得到最有效的利用。二是优化投资组合。投资中心的重要任务之一是通过科学合理的投资组合管理，最大化投资收益。企业应制定详细的投资组合管理制度和流程，明确每项投资组合的具体操作规范和要求。定期检查和优化这些管理制度，能够确保其适应性和科学性，从而提高投资组合管理的效率和效果，帮助企业在多变的市场环境中获得稳定的收益。三是加强投资风险管理。投资中心还需注重投资风险的管理，通过合理的方法降低投资风险，从而提高整体投资收益。企业应制定详细的投资风险管理制度，明确各项投资风险管理的操作规范和要求。同时企业应对投资风险数据进行详细分析，找出管理中的薄弱环节，并提出改进措施，以提高投资风险管理的效率和效果，从而保障投资活动的安全性和稳定性。

责任中心是企业财务管理中的重要方式，通过设立成本中心、利润中心和投资中心，企业可以有效分解财务目标，明确各部门的职责和绩效考核标准，提高财务管理的效率和效果。通过科学合理的责任中心管理，企业可以提高整体运营水平，实现财务目标，促进企业的长期稳健发展和财务健康。

二、内部转移价格

内部转移价格是企业内部各责任中心之间进行产品、服务或资源转移时所使用的价格，它在企业的财务管理和业绩评价中起着重要作用。合理的内部转移价格可以促进各责任中心的积极性和协作，优化资源配置，提高企业整体效益。了解内部转移价格的定义和种类，有助于企业更好地实施和管理内部转移价格，提高财务管理水平。

（一）内部转移价格的定义

内部转移价格是指企业内部各部门、分公司或责任中心之间进行产品、服务或资源转移时所采用的价格。通过合理的内部转移价格，企业可以实现内部资源的合理配置和成本分摊，促进各责任中心的协作与绩效提升。一是内部转移价格的基本概念，内部转移价格是企业内部各责任中心之间进行交易时确定的价格，其目的是为各责任中心的财务管理和业绩评价提供依据。内部转移价格可以帮助企业实现成本分摊，确保各责任中心承担合理的成本和费用，促进各责任中心的成本控制。内部转移价格可以促进各责任中心之间的协作与协调，确保企业内部资源的合理配置和高效利用。二是内部转移价格的作用，内部转移价格在企业财务管理中具有重要作用，其合理制定和使用可以提高企业整体效益。内部转移价格可以作为各责任中心业绩评价的依据，帮助企业准确评估各责任中心的经营绩效，激励各责任中心提高效率。内部转移价格可以促进各责任中心之间的资源共享和协作，减少内部矛盾和冲突，提高企业的整体运营效率和效益。

（二）内部转移价格的种类

内部转移价格的种类多种多样，不同的内部转移价格类型适用于不同的业务环境和管理需求。常见的内部转移价格包括成本型转移价格、市场型转移价格和协商型转移价格。通过选择适当的转移价格类型，企业可以实现内部资源的合理配置和优化管理。一是成本型转移价格，成本型转移价格是指以成本为基础确定的内部转移价格，通常包括变动成本、标准成本和完全成本等形式。变动成本转移价格是根据产品或服务的变动成本确定的价格，其优点是简单易行，有助于各责任中心控制成本。标准成本转移价格是根据预先设定的标准成本确定的价格，其优点是有助于各责任中心进行成本比较和绩效评价。最后完全成本转移价格是根据产品或服务的全部成本确定的价格，其优点是能够全面反映成本，但导致各责任中心成本负担过重。二是市场型转移价格，市场型转移价格是指以市场价格为基础确定的内部转移价格，其优点是能够反映市场供求关系和价格波动情况，有助于各责任中心进行市场化经营。市场价格转移价格是根据产品或服务在市场上的实际交易价格确定的价格，其优点是能够真实反映市场情况，但需要企业具备良好的市场信息收集和分析能力。参考市场价格转移价格是根据类似产品或服务的市场价格确定的价格，其优点是相对简单易行，存在价格偏差。

内部转移价格是企业内部各责任中心之间进行产品、服务或资源转移时所使用的价格，合理的内部转移价格可以促进各责任中心的积极性和协作，优化资源配置，提高企业整体效益。通过了解内部转移价格的定义和种类，企业可以更好地实施和管理内部转移价格，提高财务管理水平，促进企业的长期稳健发展和财务健康。

第三节　预算管理中的内部财务控制

一、财务内部控制分析

财务内部控制是确保企业财务活动合法合规、有效运行的重要手段。在预算管理中，通过实施有效的财务内部控制，企业可以提高财务管理的科学性和合理性，防范财务风险，确保预算目标的实现。以下从内部控制在经营中的重要性和内部控制的现状分析两个方面，详细探讨财务内部控制在预算管理中的作用及其实施现状。

(一) 内部控制在经营中的重要性

内部控制是企业管理的重要组成部分,通过实施有效的内部控制,企业可以提高经营效率,防范风险,确保财务信息的准确性和可靠性。内部控制在企业经营中具有重要意义,具体体现在以下几个方面。

一是确保财务信息的准确性和可靠性。内部控制通过对财务数据的严格管理和审核,确保财务信息的准确性和可靠性。企业应建立健全的财务管理制度和流程,确保财务数据的全面性和准确性。企业应对财务数据进行定期审计和评估,及时发现和解决财务管理中的问题,确保财务信息的可靠性和准确性。通过严格的内部控制,企业可以提高财务信息的质量,为管理层提供科学决策依据。

二是提高经营效率。内部控制通过规范企业的各项经营活动,提高资源的利用效率和经营效果。企业应建立健全的内部控制制度和流程,确保各项经营活动的规范性和合理性。企业应对各项经营活动进行定期监控和评估,及时发现和解决经营管理中的问题,提高经营效率和效果。通过有效的内部控制,企业可以优化资源配置,减少资源浪费,提高经营效益。

三是防范经营风险。内部控制通过对企业经营活动的全面监控和管理,有效防范和控制经营风险。企业应建立健全的风险管理制度和流程,确保各项风险管理活动的规范性和科学性。企业应对各项经营风险进行详细分析和评估,制定相应的风险控制措施,确保风险管理的有效性和可操作性。通过严格的内部控制,企业可以及时发现和解决经营风险,确保经营活动的安全性和稳定性。

四是提高内部控制的透明度和公正性。内部控制通过建立健全的监督机制,确保各项经营活动的透明性和公正性。企业应建立内部审计制度,对各项经营活动定期进行审计,确保经营活动的合法性和合规性。企业应建立内部举报制度,鼓励员工发现和报告违规行为,确保内部控制的透明性和公正性。通过有效的内部控制,企业可以提高管理的透明度,增强员工的信任感和参与感。

五是支持企业的长期发展。内部控制通过规范企业的各项经营活动,确保企业的长期稳健发展。企业应根据实际情况和市场环境,制定长期的内部控制计划,确保内部控制的可持续性和科学性。企业应对内部控制制度进行定期评估和优化,确保制度的适应性和有效性,提高内部控制的长期效果。通过科学合理的内部控制，企业可以提高管理水平，支持企业的长期发展和财务健康。

（二）内部控制的现状分析

尽管内部控制在企业经营中具有重要意义，但在实际操作中，许多企业的内部控制仍存在一定的问题和不足。从内部控制的实施现状和存在的问题两个方面，详细分析当前企业内部控制的现状。

一是内部控制的实施现状，企业在实施内部控制时，普遍存在以下几个方面的现状。企业的内部控制制度和流程不够完善，许多企业在内部控制的制定和实施过程中，缺乏系统性和科学性，导致内部控制的效果不佳。企业在内部控制的执行过程中，缺乏有效的监督和管理，导致内部控制的落实不到位，影响内部控制的实际效果。最后企业在内部控制的评估和优化过程中，缺乏系统的分析和改进措施，导致内部控制的持续改进不足，影响内部控制的长期效果。

二是内部控制存在的问题，企业在实施内部控制时，普遍存在以下几个方面的问题。内部控制的重视程度不够，许多企业在内部控制的制定和实施过程中，缺乏足够的重视和投入，导致内部控制的效果不佳。内部控制的执行力不足，许多企业在内部控制的执行过程中，缺乏有效的监督和管理，导致内部控制的落实不到位，影响内部控制的实际效果。最后内部控制的评估和优化不足，许多企业在内部控制的评估和优化过程中，缺乏系统的分析和改进措施，导致内部控制的持续改进不足，影响内部控制的长期效果。

三是内部控制的改进措施，为了解决企业在内部控制实施过程中存在的问题，企业应采取以下几个方面的改进措施。企业应提高对内部控制的重视程度，增加内部控制的投入，确保内部控制的制度和流程完善，提高内部控制的效果。企业应加强内部控制的执行力。建立健全的监督和管理机制，确保内部控制的落实到位，提高内部控制的实际效果。最后企业应加强内部控制的评估和优化，建立系统的评估和改进机制，确保内部控制的持续改进，提高内部控制的长期效果。

四是内部控制的优化策略，企业在内部控制的优化过程中，应采取以下几个方面的策略。企业应根据实际情况和市场环境，制定科学合理的内部控制计划，确保内部控制的可持续性和科学性。企业应对内部控制的各个环节进行详细分析，找出内部控制中的薄弱环节，提出改进措施，确保内部控制的有效性和可操作性。最后企业应对内部控制的效果进行定期评估，及时发现和解决内部控制中的问题，提高内部控制的长期效果。

五是内部控制的未来发展方向，随着市场环境和企业发展的变化，内部控制的未来发展方向也在不断演变。企业应加强信息化建设，利用现代信息技术，提高内部控制的效率和效果。企业应加强风险管理，建立健全的风险控制机制，提高内部控制的科学性和合理性。最后企业应加强内部控制的国际化管理，借鉴国际先进经验，提高内部控制的整体水平和效果。

财务内部控制是企业管理的重要组成部分，通过有效的内部控制，企业可以提高经营效率，防范风险，确保财务信息的准确性和可靠性。尽管当前企业在内部控制的实施过程中仍存在一定的问题和不足，但通过提高对内部控制的重视程度，完善内部控制制度和流程，加强内部控制的执行力和评估优化，企业可以不断提升内部控制的效果和水平，确保财务目标的实现，促进企业的长期稳健发展和财务健康①。

二、加强单位预算管理和内部财务控制的实现策略

加强单位预算管理和内部财务控制是确保企业财务活动规范运行和财务目标实现的关键。通过树立风险意识和内控责任、内控规范化以及组建完备团队和完善组织保障，企业可以有效提升内部财务控制水平，优化资源配置，提高经营效率和财务管理效果。以下从这三个方面详细探讨加强单位预算管理和内部财务控制的实现策略。

（一）树立风险意识和内控责任

树立风险意识和内控责任是加强单位预算管理和内部财务控制的基础，通过增强全员的风险意识和明确内控责任，企业可以有效防范财务风险，确保财务活动的规范性和安全性。

一是增强全员风险意识，企业在加强单位预算管理和内部财务控制时，要增

---

①贾文强. 基于内部审计视角的单位业务流程内部控制研究[J]. 单位改革与理论, 2021, (12): 146.

强全员的风险意识。企业应通过培训和宣传，提高员工对财务风险的认识，确保每位员工都具备基本的风险识别和防范能力。企业应建立健全的风险管理制度和流程，明确各部门和岗位的风险管理职责和任务，确保风险管理的全员参与和全面覆盖。通过增强全员风险意识，企业可以提高财务管理的整体水平，有效防范和控制财务风险。

二是明确内控责任，企业在加强单位预算管理和内部财务控制时，还需要明确各级管理人员和员工的内控责任。企业应制定详细的内控责任制度和流程，明确各级管理人员和员工的内控职责和任务，确保内控责任的科学性和合理性。企业应对内控责任的落实情况进行定期检查和评估，及时发现和解决内控责任落实中的问题，确保内控责任的有效落实和持续改进。通过明确内控责任，企业可以提高内部财务控制的执行力和效果，确保财务活动的规范性和安全性。

（二）内控规范化

内控规范化是加强单位预算管理和内部财务控制的重要手段，通过建立健全的内控制度和规范化流程，企业可以确保财务活动的规范性和合理性，提高财务管理的效率和效果。一是建立健全的内控制度，企业在加强单位预算管理和内部财务控制时，需要建立健全的内控制度。企业应根据实际情况和业务需求，制定详细的内控制度，明确各项财务活动的操作规范和要求，确保内控制度的科学性和合理性。企业应对内控制度进行定期检查和优化，及时发现和解决内控制度中的问题，确保内控制度的适应性和有效性。通过建立健全的内控制度，企业可以提高财务管理的整体水平，确保财务活动的规范性和合理性。二是规范化内控流程，企业在加强单位预算管理和内部财务控制时，还需要规范化内控流程。企业应根据内控制度，制定详细的内控流程，明确各项财务活动的操作步骤和流程，确保内控流程的规范性和可操作性。企业应对内控流程进行定期检查和优化，及时发现和解决内控流程中的问题，确保内控流程的适应性和有效性。通过规范化内控流程，企业可以提高财务管理的效率和效果，确保财务活动的规范性和合理性。

（三）组建完备团队，完善组织保障

组建完备团队和完善组织保障是加强单位预算管理和内部财务控制的关键，

通过建立专业的财务管理团队和完善的组织保障体系，企业可以提高财务管理的整体水平，确保财务活动的规范性和有效性。一是建立专业财务团队，企业在加强单位预算管理和内部财务控制时，需要建立专业的财务管理团队。企业应根据实际需求，招聘和培养具备专业知识和技能的财务管理人员，确保财务团队的专业性和综合素质。企业应对财务管理团队进行定期培训和考核，提高团队成员的专业水平和工作能力，确保财务管理的科学性和有效性。通过建立专业财务团队，企业可以提高财务管理的整体水平，确保财务活动的规范性和合理性。二是完善组织保障体系，企业在加强单位预算管理和内部财务控制时，还需要完善组织保障体系。企业应建立健全的组织结构，明确各部门和岗位的职责和任务，确保组织结构的科学性和合理性。企业应对组织保障体系进行定期检查和优化，及时发现和解决组织保障体系中的问题，确保组织保障体系的适应性和有效性。通过完善组织保障体系，企业可以提高财务管理的整体水平，确保财务活动的规范性和有效性。

加强单位预算管理和内部财务控制是确保企业财务活动规范运行和财务目标实现的关键。通过树立风险意识和内控责任、内控规范化以及组建完备团队和完善组织保障，企业可以有效提升内部财务控制水平，优化资源配置，提高经营效率和财务管理效果。通过科学合理的实现策略，企业可以确保财务活动的规范性和合理性，促进企业的长期稳健发展和财务健康。

第四节 财务分析的方法及内容

一、财务分析概述

财务分析是企业财务管理的重要组成部分，通过系统的财务分析，企业可以了解财务状况，评估经营成果，发现潜在问题，制定改进措施。财务分析不仅可以为企业管理层提供决策依据，还可以帮助企业提高财务管理水平，实现财务目标。以下从财务分析的作用、目的和意义三个方面，对财务分析进行概述。

(一) 财务分析的作用

财务分析作为企业财务管理的核心工具，发挥着至关重要的作用。通过深入的财务分析，企业能够全面掌握自身的财务状况，从而为管理层提供决策依据。这不仅提高了财务管理的科学性和合理性，还为企业的经营发展指明了方向。财务分析能够帮助企业识别财务管理中的优势与不足，从而提出有效的改进措施，提升整体管理水平。以下从三个方面进一步阐述财务分析的重要性。一是财务分析有助于全面了解企业的财务状况。企业通过财务分析，可以详细了解资产、负债和所有者权益的构成及变动情况，掌握企业的财务实力和负债水平。同时财务分析还能够让企业了解利润、成本、费用等经营成果的变化趋势，从而评估企业的盈利能力和经营效率。这些信息为管理层制定科学合理的经营决策提供了坚实的基础，有助于提高企业的经营效果和财务管理水平。二是财务分析可以帮助企业评估经营成果。通过分析各项经营活动的成本效益，企业能够发现成本控制和费用管理中的薄弱环节，并提出改进建议。同时企业还可以评估各项经营活动的盈利能力和市场竞争力，找出盈利增长点和市场机会，从而制定适合的战略发展计划。这不仅提高了企业的经营效率，也增强了其市场竞争力，推动财务目标和战略目标的实现。三是财务分析能够发现财务管理中的问题，并提出改进措施。通过分析财务报表中的异常变动和潜在风险，企业可以及时采取应对措施，有效防范财务风险。此外企业还可以通过财务分析，识别财务管理中的薄弱环节，提出优化建议，从而提高财务管理的科学性和合理性。通过不断发现和解决财务管理中的问题，企业可以持续提升财务管理水平，确保财务活动的规范性和有效性。

(二) 财务分析的目的

财务分析在企业管理中占据着关键地位，它不仅为企业管理层提供科学的决策依据，还助力企业提升财务管理水平，实现财务和战略目标。通过系统的财务数据分析，企业能够全面了解其经营状况和财务健康，为未来的战略规划奠定坚实基础。财务分析的核心在于评估财务管理的效果，识别其中的不足，并提出切实可行的改进建议，以提高企业的整体管理能力。此外财务分析还能帮助企业发现潜在的财务改进机会,从而进一步优化管理流程和运营效率。以下具体探讨财务分析在管理决策、效果评估和改进机会识别方面的重要作用。一是为管理决策提供依据。财务分析的首要目的是为企业管理层提供科学的决策依据,支持企业的经营管理和战略决策。企业可以通过财务分析,评估各项经营活动的财务绩效,并为管理层提供详细的财务数据和分析报告,从而有效支持管理决策。同时企业可以通过财务分析,预测未来的财务状况和经营成果,为管理层制定战略决策提供有力依据。通过为管理决策提供科学依据,企业能够提高经营效率和财务管理水平,从而实现财务目标和战略目标。

二是评估财务管理效果。财务分析的另一个重要目的是评估财务管理的效果,找出财务管理中的薄弱环节和改进空间,以提高财务管理的科学性和合理性。企业通过财务分析,可以评估各项财务管理活动的成本效益,找出成本控制和费用管理中的不足,并提出切实可行的改进建议。此外企业还可以通过财务分析,评估各项财务管理活动的风险管理效果,找出风险控制中的问题,并提出优化措施。通过对财务管理效果的评估,企业可以不断提升财务管理水平,确保财务活动的规范性和有效性。

三是发现财务改进机会。财务分析的目的是通过系统的财务数据分析,发现企业财务管理中的改进机会,并提出优化建议,以提高财务管理的效果和绩效。企业可以通过财务分析,发现财务报表中的异常变动和潜在风险,并及时采取应对措施,防范财务风险。企业还可以通过财务分析,识别财务管理中的薄弱环节,提出改进建议,从而提高财务管理的科学性和合理性。通过不断发现财务改进机会,企业可以持续提升财务管理水平,确保财务活动的规范性和有效性。

(三)财务分析的意义

财务分析在企业财务管理中起着至关重要的作用。通过系统的财务分析,企业能够全面了解自身的财务状况,评估经营成果,识别潜在问题,并制定有效的改进措施。这不仅为企业管理层提供了科学的决策依据,还帮助企业提升财务管理水平,确保财务活动的规范性和合理性。最终通过财务分析,企业可以实现财务目标和战略目标,促进企业的长期稳健发展和财务健康。以下从三个方面详细阐述财务分析的重要意义。

一是提高财务管理水平。财务分析的意义在于通过系统的财务数据分析，提升企业的财务管理水平，确保财务活动的规范性和合理性。企业通过财务分析，可以评估各项财务管理活动的成本效益和风险管理效果，找出其中的薄弱环节和改进空间，并提出优化建议。此外企业还可以通过财务分析，发现财务报表中的异常变动和潜在风险，及时采取应对措施，防范财务风险。通过提高财务管理水平，企业能够确保财务活动的规范性和有效性，从而实现财务目标。

二是实现财务目标和战略目标。财务分析通过系统的财务数据分析，帮助企业实现财务目标和战略目标，促进企业的长期稳健发展。企业可以通过财务分析，评估各项经营活动的财务绩效，为管理层提供科学的决策依据，支持经营管理和战略决策。此外企业还可以通过财务分析，预测未来的财务状况和经营成果，为管理层制定战略决策提供依据。通过实现财务目标和战略目标，企业能够提高经营效率和财务管理水平，确保长期稳健发展。

三是促进企业长期稳健发展。财务分析的最终意义在于通过系统的财务数据分析，推动企业的长期稳健发展，并提升市场竞争力和经济效益。企业可以通过财务分析，评估各项经营活动的财务绩效和市场竞争力，找出盈利增长点和市场机会，从而制定发展战略。同时企业通过财务分析，还能识别财务管理中的薄弱环节和改进空间，提出优化建议，提高财务管理水平。通过促进企业的长期稳健发展，企业能够进一步增强市场竞争力和经济效益，实现财务目标和战略目标。

财务分析是企业财务管理的重要组成部分，通过系统的财务分析，企业可以了解财务状况，评估经营成果，发现潜在问题，制定改进措施。财务分析不仅可以为企业管理层提供决策依据，还可以帮助企业提高财务管理水平，实现财务目标。通过财务分析的作用、目的和意义的详细探讨，企业可以更好地实施财务分析，提高财务管理的整体水平，促进企业的长期稳健发展和财务健康。

二、财务分析的内容

财务分析的内容丰富多样，涵盖了企业财务管理的各个方面。通过系统的财务分析，企业可以全面了解自身的财务状况和经营成果，制定科学合理的经营决策。以下从偿债能力分析、营运能力分析、盈利能力分析、现金流量分析、发展能力分析以及综合财务分析六个方面，对财务分析的内容进行详细探讨。

（一）偿债能力分析

偿债能力分析是企业财务管理中的关键环节，它主要用于评估企业偿还债务的能力。通过对企业的流动比率、速动比率和现金比率进行系统分析，企业能够全面了解其短期和长期偿债能力。这些指标不仅为企业的财务健康状况提供了重要参考，也为管理层在财务决策中提供了依据。通过分析这些关键比率，企业可以识别财务风险，并采取相应措施来增强财务稳健性。以下将具体探讨流动比率、速动比率和现金比率在偿债能力分析中的重要作用。一是流动比率。流动比率是指流动资产与流动负债的比值，主要用于反映企业的短期偿债能力。流动比率越高，说明企业偿还短期债务的能力越强。这一比率为企业管理层提供了衡量流动资产足以覆盖流动负债的程度，从而有助于评估短期财务风险。二是速动比率。速动比率是指速动资产与流动负债的比值，在流动比率的基础上剔除库存等流动性较差的资产。速动比率为企业提供了一个更加严格的短期偿债能力评估，因为它仅考虑那些可以迅速变现的资产。该比率帮助企业更准确地衡量其快速应对短期债务的能力。三是现金比率。现金比率是指现金及现金等价物与流动负债的比值，它直接反映了企业用现金偿还短期债务的能力。现金比率越高，表明企业在应对短期债务时的流动性越强。这一指标为企业管理层提供了最保守的短期偿债能力评估，确保企业在紧急情况下具有足够的现金资源来履行债务义务。

（二）营运能力分析

营运能力分析是企业财务管理中的重要环节，它主要用于评估企业在资产使用方面的效率。通过对存货周转率、应收账款周转率和总资产周转率的分析，企业可以深入了解其营运效率和管理水平。这些指标不仅为企业的运营状况提供了直观的数据支持，还帮助管理层识别在资产管理中存在的问题，从而制定相应的改进措施。通过这些关键比率的分析，企业能够优化资源配置，提升整体运营效率。以下将具体探讨存货周转率、应收账款周转率和总资产周转率在营运能力分析中的重要作用。一是存货周转率。存货周转率是销售成本与平均存货的比值，用于反映企业的存货管理效率。存货周转率越高，说明企业的存货周转速度越快，管理效率越高。这一比率为企业提供了有关存货管理是否有效的信息，帮助管理层优化库存水平，减少资金占用。二是应收账款周转率。应收账款周转率是销售收入与平均应收账款的比值，反映企业的收款效率。比率越高，说明企业收款速度越快，资金利用效率越高。通过分析应收账款周转率，企业可以评估其信用政策的有效性，并采取措施加快资金回笼，从而改善现金流状况。三是总资产周转率。总资产周转率是销售收入与平均总资产的比值，衡量企业总资产的使用效率。总资产周转率越高，表明企业在利用其总资产创造销售收入方面更加有效。通过这一比率的分析，企业可以判断其资源配置是否合理，并找出提高资产利用效率的途径，以提升整体运营效益。

（三）盈利能力分析

盈利能力分析是评估企业盈利水平和经营成果的重要指标，通过分析销售利润率、总资产报酬率和净资产收益率，了解企业的盈利能力和市场竞争力。一是销售利润率，销售利润率是净利润与销售收入的比值，反映企业销售的盈利能力。比率越高，销售带来的利润越多。二是总资产报酬率，总资产报酬率是净利润与平均总资产的比值，衡量企业总资产的盈利能力。比率越高，总资产的盈利能力越强。三是净资产收益率，净资产收益率是净利润与平均净资产的比值，衡量企业所有者权益的盈利能力。比率越高，所有者权益的盈利能力越强。

（四）现金流量分析

现金流量分析是评估企业现金流入和流出情况的重要指标，通过分析经营活动现金流量、投资活动现金流量和筹资活动现金流量，了解企业的现金流管理状况。一是经营活动现金流量，经营活动现金流量是企业从经营活动中获得的净现金流量，反映企业经营活动的现金流创造能力。正数表示企业经营活动产生了现金流入。二是投资活动现金流量，投资活动现金流量是企业在投资活动中的净现金流量，反映企业投资活动的现金流使用情况。负数表示企业进行了投资支出。三是筹资活动现金流量，筹资活动现金流量是企业在筹资活动中的净现金流量，反映企业筹资活动的现金流来源和使用情况。正数表示企业通过筹资活动获得了现金流入。

（五）发展能力分析

发展能力分析是评估企业未来成长性和发展潜力的关键指标。通过对销售增长率、利润增长率和资产增长率的深入分析，企业能够准确了解其发展能力以及在市场中的前景。这些指标不仅为企业管理层提供了重要的战略规划依据，还帮助企业识别在增长过程中存在的瓶颈与挑战。通过这些增长率的分析，企业可以制定更具针对性的策略，以确保可持续的发展。以下具体探讨销售增长率、利润增长率和资产增长率在发展能力分析中的重要作用。一是销售增长率。销售增长率是衡量销售收入增长速度的指标，用于反映企业在市场拓展和销售增长方面的能力。销售增长率越高，说明企业的市场拓展能力和销售增长能力越强。这一指标为企业管理层提供了市场占有率扩展的直接数据支持，有助于制定有效的市场营销策略。二是利润增长率。利润增长率是净利润增长速度的衡量标准，用来反映企业盈利能力的提升情况。利润增长率越高，意味着企业在提高盈利能力方面的表现越好。通过分析利润增长率，企业可以评估其成本控制和收入增加的有效性，从而进一步提升企业的盈利水平。三是资产增长率。资产增长率是衡量总资产增长速度的指标，反映企业资产规模扩展的情况。资产增长率越高，说明企业在扩展其资产规模方面进展迅速。这一指标帮助企业评估其资本投资和资源配置的有效性，为未来的发展和扩展奠定坚实的基础。

（六）综合财务分析

综合财务分析是企业全面评估其整体财务状况和经营成果的重要工具。通过综合运用多项财务指标，企业能够深入了解其财务状况，从而为管理层提供准确的分析和评价。这种全面的分析不仅涵盖了资产负债、收益和现金流量等关键财务要素，还涉及财务绩效、财务风险以及财务战略的综合评估。通过这些分析，企业能够更好地识别潜在问题，并制定科学合理的经营决策，从而推动企业的长期稳健发展和财务健康。以下具体阐述综合财务状况评估、综合财务绩效评价、财务风险综合评估和财务战略综合分析在财务管理中的重要作用。一是综合财务状况评估。这项评估涵盖了企业的资产负债、收益和现金流量等方面，对企业的整体财务状况进行全面分析。通过这些分析，管理层能够清晰了解企业的财务健康状况，并据此制定有效的财务管理策略。二是综合财务绩效评价。通过对各项财务指标的深入分析，企业可以对其经营成果进行全面评价。这种评价不仅有助于识别企业的财务优势与不足，还为提升经营效率提供了数据支持，有助于企业持续改进经营管理。三是财务风险综合评估。这项评估是对企业财务风险的全面分析，旨在识别和评估各种潜在的财务风险。通过评估，企业可以制定有效的风险控制和管理措施，确保在复杂多变的市场环境中保持财务稳健。四是财务战略综合分析。通过对财务战略的实施效果进行评估，企业可以提出优化建议，从而确保财务战略的有效性和可持续性。这项分析为企业的长期发展提供了战略方向，助力企业在激烈的市场竞争中占据有利位置。

财务分析的内容涵盖了企业财务管理的各个方面，通过系统的财务分析，企业可以全面了解自身的财务状况和经营成果，制定科学合理的经营决策。通过对偿债能力分析、营运能力分析、盈利能力分析、现金流量分析、发展能力分析以及综合财务分析的详细探讨，企业可以更好地实施财务分析，提高财务管理的整体水平，促进企业的长期稳健发展和财务健康[①]。

三、财务分析的方法

财务分析是企业进行财务管理和决策的重要工具，通过科学的财务分析，企业可以全面了解财务状况，评估经营绩效，为决策提供可靠依据。以下从比率分析法、因素分析法、趋势分析法和比较分析法四种方法，详细探讨财务分析的方法及其应用。

（一）比率分析法

比率分析法是财务分析中广泛应用的一种方法，企业通过计算和分析各种财务比率，可以全面评估其财务状况和经营绩效。这种分析方法能够帮助企业深入了解自身的财务健康状况，识别潜在的财务风险，并制定相应的管理策略。比率分析法不仅涉及企业的短期和长期偿债能力，还包括盈利能力和资产利用效率的评估。通过对这些比率的分析，企业能够更加有效地优化资源配置，提高经营效

---

①陈宣君．财务管理［M］．成都：西南交通大学出版社，2019：233．

率,从而实现长期稳健的发展。以下将详细阐述比率分析法的基本概念与类型、流动比率与速动比率的分析、资产负债率与净资产收益率的分析,以及总资产周转率的分析在财务管理中的重要作用。一是比率分析法的基本概念和类型。比率分析法通过计算和比较不同财务数据之间的比率,评估企业的财务状况和经营绩效。常见的财务比率包括流动比率、速动比率、资产负债率、净资产收益率和总资产周转率等。每种比率都有其特定的分析意义和应用场景,为企业提供了多维度的财务分析视角。二是流动比率和速动比率的分析。这两项比率是评估企业短期偿债能力的重要指标。流动比率是流动资产与流动负债的比值,速动比率则是速动资产(即流动资产减去存货)与流动负债的比值。通过分析这两个比率,企业可以了解其短期偿债能力,并判断财务风险水平。三是资产负债率和净资产收益率的分析。资产负债率和净资产收益率是评估企业长期偿债能力和盈利能力的关键指标。资产负债率是总负债与总资产的比值,净资产收益率是净利润与股东权益的比值。分析这些比率可以帮助企业了解其资本结构和盈利能力,从而优化财务管理策略。四是总资产周转率的分析。总资产周转率是评估企业资产利用效率的重要指标,其计算公式为总营业收入与总资产的比值。通过分析总资产周转率,企业可以了解其资产利用效率,进而优化资源配置,提高经营效率。

(二)因素分析法

因素分析法是评估企业财务状况和经营绩效的重要工具,通过分析各个因素对财务指标的影响,企业能够深入了解各项业务活动对整体财务表现的贡献。该方法不仅帮助企业识别出关键的财务驱动因素,还能够指导管理层优化管理策略,提升企业的竞争力和盈利能力。因素分析法涉及多个步骤,从确定分析目标到综合分析,每一步都需要科学的分析和评估,以确保结果的准确性和实用性。通过应用因素分析法,企业可以更好地掌握销售收入、成本费用以及利润的主要驱动因素,从而制定更加有效的经营策略,推动企业实现财务目标和战略发展。以下将具体探讨因素分析法在各个方面的应用。一是因素分析法的基本概念和步骤。因素分析法通过分解财务指标,识别和评估各个因素的影响。常见的步骤包括确定分析目标、选择分析指标、分解指标、计算因素影响和综合分析等。通过科学的因素分析,企业可以了解各个因素对财务指标的贡献,从而优化管理策略。二是销售收入因素分析。销售收入是企业财务状况和经营绩效的重要指标。通过分析影响销售收入的各个因素，如市场需求、产品价格、销售渠道和市场竞争等，企业可以识别出销售收入的主要驱动因素，并制定相应的营销策略，以提高销售收入。三是成本费用因素分析。成本费用是影响企业盈利能力的重要因素。通过分析各项成本费用的构成和变化，如直接材料成本、直接人工成本、制造费用和管理费用等，企业可以识别出成本控制的关键环节，从而优化成本管理策略，提高盈利能力。四是利润因素分析。利润是企业经营成果的最终体现。通过分析影响利润的各个因素，如销售收入、成本费用、税收和投资收益等，企业可以识别出利润增长的主要驱动因素，并制定相应的增效策略，以提高企业的盈利水平。

（三）趋势分析法

趋势分析法通过分析财务指标的时间序列变化，帮助企业评估财务状况和经营绩效。这种方法不仅可以识别财务指标的变化趋势，还能为企业的未来决策提供科学依据。通过趋势分析，企业可以预测未来的财务状况，制定相应的经营策略，提升市场竞争力和盈利能力。以下将具体探讨趋势分析法的基本概念和在销售收入与成本费用方面的应用。一是趋势分析法的基本概念和类型。趋势分析法通过对财务指标的历史数据进行时间序列分析，识别指标的变化趋势。常见的趋势分析类型包括直线趋势、指数趋势和季节性趋势等。通过科学的趋势分析，企业可以了解财务指标的变化规律，预测未来财务状况。二是销售收入趋势分析。销售收入的变化趋势可以反映企业的市场竞争力和经营状况。通过分析销售收入的时间序列数据，识别销售收入的增长或下降趋势，企业可以制定相应的营销策略和销售计划，从而提高市场份额和销售收入。三是成本费用趋势分析。成本费用的变化趋势可以反映企业的成本控制效果和运营效率。通过分析成本费用的时间序列数据，识别各项成本费用的变化趋势，企业可以优化成本管理策略，降低运营成本，提高盈利能力。

（四）比较分析法

比较分析法通过对比不同对象的财务指标，帮助企业评估财务状况和经营绩效。这种方法能够揭示财务差异及其原因，为企业提供有价值的参考，以优化管理决策。通过横向和纵向的比较分析，企业不仅可以了解自身的财务状况，还可以评估其在行业中的地位，从而制定更加精准的经营策略。以下将探讨比较分析法的基本概念及其在企业内部和行业分析中的应用。

一是比较分析法的基本概念和类型。比较分析法通过对比不同对象或不同时期的财务数据，识别财务差异及其原因。常见的比较类型包括横向比较和纵向比较。横向比较是对比不同企业或行业的财务数据，纵向比较是对比同一企业在不同时期的财务数据。通过科学的比较分析，企业可以了解自身的财务状况和行业地位。

二是企业内部比较分析。企业内部比较分析通过对比企业内部不同部门或业务单元的财务数据，评估各部门或业务单元的经营绩效。通过内部比较分析，企业可以识别绩效差异和管理改进的空间，从而优化资源配置，提高整体经营效率。

三是行业比较分析。行业比较分析通过对比同一行业内不同企业的财务数据，评估企业的竞争力和市场地位。通过行业比较分析，企业可以了解行业的平均水平和最佳实践，制定相应的改进策略，以提高市场竞争力。

财务分析是企业进行财务管理和决策的重要工具，通过比率分析法、因素分析法、趋势分析法和比较分析法，企业可以全面了解财务状况，评估经营绩效，提高财务管理的科学性和有效性，确保企业的稳定发展和市场竞争力。

第四章 预算管理一体化及其影响分析

第一节 预算管理一体化的基本内容

一、预算管理一体化内涵

预算管理一体化是指通过整合和优化预算管理的各个环节，实现资源的高效配置和使用，提升预算管理的整体效能。预算管理一体化包括项目库管理、资产管理、政府采购管理和资金支付四个方面，通过对这些内容的全面整合，企业和政府机构可以提高预算执行的透明度和效率。

（一）项目库管理

项目库管理是实现预算管理一体化的关键，通过科学地建立和管理项目库，企业和政府能够统一管理和监控各类项目，从而提升预算执行的科学性和合理性。项目库管理不仅有助于明确项目的类别和属性，还能确保项目的合法性和资金使用的合理性。以下具体探讨项目库管理在项目分类、审批和监控中的重要作用。一是项目分类。项目库管理需要对各类项目进行详细分类，确保每个项目都有明确的类别和属性。企业和政府应根据项目的性质和用途，将其分类为基本建设项目、科研项目、日常运营项目等。项目分类有助于明确项目的管理职责和资金来源，从而提高管理的针对性和有效性。二是项目审批。项目库管理要求对所有项目进行严格的审批，以确保项目的合法性和可行性。企业和政府应建立健全的项目审批制度，明确审批流程和标准。通过严格的审批流程，可以避免不合理项目的立项，确保资金使用的合理性和有效性。三是项目监控。项目库管理还包括对已批准项目的全程监控，确保项目按计划执行并达到预期效果。企业和政府应建立项目监控机制，定期检查项目进展，及时发现并解决问题。通过有效的监控，可以提高项目管理的科学性，确保预算的有效使用。

（二）资产管理

资产管理作为预算管理一体化的重要部分，能够显著提升企业和政府的资产使用效率和效益，同时保障预算执行的有效性。科学的资产管理不仅有助于全面掌握资产情况，还能确保资产的合理使用和长期维护，从而支持整体管理目标的实现。通过资产的登记、评估和维护，企业和政府可以确保资产管理的科学性和合理性，最终提高整体运营效率。以下将具体探讨资产管理在登记、评估和维护方面的关键作用。一是资产登记。资产管理需要进行全面的资产登记，确保所有资产都有明确的记录和管理。企业和政府应建立完善的资产登记制度，详细记录资产的种类、数量、价值等信息。通过全面的资产登记，可以掌握资产的总体情况，从而提高管理的科学性和合理性。二是资产评估。资产管理还需要对资产进行定期评估，确保资产的价值和使用情况得到及时反映。企业和政府应建立资产评估制度，明确评估的标准和方法。通过定期的资产评估，可以发现资产管理中的问题，并及时采取措施，确保资产的有效利用。三是资产维护。资产管理还包括对资产的日常维护和保养，确保资产的正常运行和使用。企业和政府应建立资产维护制度，明确维护的职责和流程。通过定期的维护和保养，可以延长资产的使用寿命，提高资产的使用效率和效益。

（三）政府采购管理

政府采购管理是预算管理一体化的核心环节，通过规范的采购流程，政府可以有效提高资金使用的透明度和效率，同时确保预算执行的公正性与合法性。科学的采购管理不仅有助于提升采购活动的效果，还能减少合同纠纷，确保项目的顺利实施。以下具体探讨政府采购管理在采购计划、招标和合同管理中的关键作用。一是采购计划。政府采购管理需要制定详细的采购计划，确保采购活动的有序进行。政府应根据预算安排和实际需求，制定年度和季度的采购计划。通过科学的采购计划，可以提高采购活动的效率和效果，确保资金使用的合理性和合法性。二是采购招标。政府采购管理要求对所有采购项目进行公开招标，确保采购过程的公正性和透明度。政府应建立健全的招标制度，明确招标的流程和标准。通过公开招标，可以提高采购的竞争性，确保采购质量和价格的合理性。三是采购合同。政府采购管理需要对采购合同进行严格管理，确保合同的履行和执行。政府应建立采购合同管理制度，明确合同的签订和管理流程。通过严格的合同管理，可以避免合同纠纷，确保采购项目的顺利实施。

（四）资金支付

资金支付管理是预算管理一体化的关键环节，能够显著提升资金使用的安全性和效率，确保预算执行的顺利进行。通过规范的资金支付管理，企业和政府不仅能防止资金的滥用，还能确保支付的合法性、及时性和透明度。以下具体探讨资金支付管理在审批、支付方式、监控和记录方面的作用。一是支付审批。资金支付需要进行严格的审批，以确保支付的合法性和合规性。企业和政府应建立资金支付审批制度，明确审批流程和标准。通过严格的支付审批，可以避免资金的滥用和浪费，从而提高资金使用的安全性和有效性。二是支付方式。资金支付需要选择合适的支付方式，以确保支付的及时性和便利性。企业和政府应根据支付对象和金额，选择合适的支付方式，如银行转账、现金支付等。通过合理的支付方式，可以提高支付的效率和效果，确保预算执行的顺利进行。三是支付监控。资金支付需要进行全过程的监控，确保支付的安全性和规范性。企业和政府应建立支付监控系统，对支付的每个环节进行实时监控。通过及时发现和解决支付中的问题，可以提高支付管理的质量和效果，确保资金使用的安全性和有效性。四是支付记录。资金支付需要进行详细的记录和管理，确保支付信息的完整性和可追溯性。企业和政府应建立资金支付记录制度，详细记录每笔支付的时间、金额、对象等信息。通过全面的支付记录，可以提高支付管理的透明度和规范性，确保预算执行的科学性和合理性。

预算管理一体化通过整合项目库管理、资产管理、政府采购管理和资金支付等各个环节，提高了预算管理的整体效能，确保了预算执行的透明度和效率。通过科学合理的预算管理一体化，企业和政府可以优化资源配置，提高经营效率和财务管理水平，促进长期稳健发展和财务健康。

二、以五个一体化为核心

预算管理一体化是通过整合和优化预算管理的各个环节，实现资源的高效配置和使用，提升预算管理的整体效能。以五个一体化为核心，即预算编制一体化、预算执行一体化、预算控制一体化、预算评价一体化和信息系统一体化，这些内容的全面整合，能够显著提高预算管理的科学性和有效性。

预算管理一体化通过以五个一体化为核心，即预算编制一体化、预算执行一体化、预算控制一体化、预算评价一体化和信息系统一体化，全面提高了预算管理的整体效能。通过这些科学合理的整合措施，企业和政府可以实现资源配置的优化、提高经营效率和财务管理水平，确保预算执行的透明度和规范性，最终促进企业和政府的长期稳健发展和财务健康。

三、预算管理一体化成效

预算管理一体化通过全面整合预算编制、执行、控制、评价及信息系统等环节，显著提升了预算管理的效率和透明度。成效体现在：提高了资源配置的科学性，确保了预算执行的规范性，强化了预算控制和风险防范能力，优化了资金使用效率。同时通过信息化手段，实现了数据共享和流程自动化，大幅减少了人为错误和操作成本，促进了企业和政府财务管理的现代化和精细化[①]。

第二节　预算管理一体化对会计核算的影响

一、预算管理一体化对会计核算的积极影响

预算管理一体化是现代企业管理的重要手段，通过将预算管理与会计核算相结合，企业可以提高财务管理的整体效率和效果。预算管理一体化对会计核算有着积极的影响，主要体现在提高会计信息的准确性、增强财务管理的协调性和促进资源的优化配置三个方面。

（一）提高会计信息的准确性

预算管理一体化在提升会计信息准确性方面发挥着重要作用。通过统一预算

---

①刘宸妤. 预算管理一体化的内容成效、难点与系统优化研究[J]. 财经界,2023,(27):61.

管理和会计核算体系，企业能够确保财务数据的一致性和可靠性，从而为决策提供坚实的依据。预算管理一体化不仅有助于减少数据传递中的错误，还能确保财务信息的可比性和完整性。以下探讨预算管理一体化在数据来源统一、核算标准统一和数据处理规范化方面的重要性。一是数据来源的统一。预算管理一体化要求预算编制和会计核算使用相同的数据来源，确保财务信息的一致性。企业在编制预算时，应使用与会计核算相同的财务数据，避免数据来源的不一致。通过统一的数据来源，可以减少数据传递中的错误和遗漏，从而提高财务信息的准确性。二是核算标准的统一。预算管理一体化要求预算编制和会计核算使用相同的核算标准，确保财务信息的可比性。企业应制定统一的核算标准，明确各项财务活动的核算方法和要求。通过统一的核算标准，可以提高财务信息的可比性和透明度，便于管理层进行财务分析和决策。三是数据处理的规范化。预算管理一体化要求预算编制和会计核算使用规范化的数据处理流程，以确保财务信息的完整性。企业应建立规范的数据处理流程，明确各项财务数据的处理步骤和要求。通过规范化的数据处理，可以减少数据处理中的人为错误和疏漏，进而提高财务信息的完整性和可靠性。

（二）增强财务管理的协调性

预算管理一体化是提升财务管理协调性的有效途径，通过将预算管理与会计核算紧密结合，企业能够确保各项财务活动的有序进行，进而提高财务管理的整体效率。预算管理一体化不仅要求预算编制与会计核算的协调，还需要各部门以及管理层与执行层之间的紧密配合，以减少财务管理中的冲突与矛盾，确保财务决策的准确传达和执行。以下具体探讨预算管理一体化在预算与核算协调、部门间协调以及管理层与执行层协调中的重要作用。

一是预算与核算的协调。预算管理一体化要求预算编制与会计核算相互协调，确保各项财务活动的有序进行。企业在编制预算时，应充分考虑会计核算的要求，确保预算与核算的一致性。通过预算与核算的协调，企业可以减少财务管理中的冲突和矛盾，提高财务管理的效率和效果。这种协调性使得预算数据能够与实际核算结果相匹配，从而为企业提供更加准确的财务信息。

二是部门间的协调。预算管理一体化要求各部门在预算编制和会计核算过程中相互协调，确保各项财务活动的顺利实施。企业应建立部门间的协调机制，确保各部门在预算编制和会计核算中的紧密配合。通过部门间的协调，可以提高各项财务活动的执行力和效果，避免因部门间信息不对称或沟通不足导致的财务管理问题。部门间的有效协调还能够促进资源的合理配置，提高整体运营效率。

三是管理层与执行层的协调。预算管理一体化要求管理层与执行层在预算管理和会计核算过程中相互协调，确保各项财务决策的有效实施。企业应建立管理层与执行层的沟通机制，确保各项财务决策的准确传达和有效执行。通过管理层与执行层的协调，可以提高财务管理的整体效率，确保各项财务活动的顺利进行。这种上下层级之间的协调能够使企业更好地应对复杂的财务环境，确保战略目标的顺利实现。

（三）促进资源的优化配置

预算管理一体化在资源优化配置中发挥着关键作用，通过将预算管理与会计核算紧密结合，企业能够实现资源的科学分配和高效使用，从而提升经营效益。预算管理一体化不仅确保了资源的合理分配，还通过数据分析优化资源配置，最大限度地提高资源的利用效率。以下具体探讨预算管理一体化在资源分配、使用和配置优化方面的重要性。一是资源分配的科学化。预算管理一体化要求预算编制与会计核算相结合，确保资源分配的科学性。企业在编制预算时，应充分考虑各项财务活动的实际需求，确保资源分配的合理性。通过预算管理与会计核算的结合，企业可以提高资源分配的科学性和合理性，确保资源的有效利用。二是资源使用的高效化。预算管理一体化要求各项资源的使用按照预算进行，确保资源使用的高效性。企业应建立资源使用的监控机制，确保各项资源按照预算进行使用。通过提高资源使用的效率，可以减少资源浪费，从而提升企业的经营效益。三是资源配置的优化。预算管理一体化通过会计核算的数据分析，对资源配置进行优化，确保资源的最佳使用。企业应对会计核算的数据进行详细分析，找出资源配置中的问题和不足。通过优化资源配置，可以提高资源的利用率和效益，从而更好地实现企业的经营目标。

预算管理一体化对会计核算有着积极的影响，通过提高会计信息的准确性、增强财务管理的协调性和促进资源的优化配置，企业可以提高财务管理的整体效率和效果。通过科学合理的预算管理一体化，企业可以实现资源的高效配置和使用，确保预算执行的透明度和效率，促进长期稳健发展和财务健康。

二、贯彻落实预算管理一体化的对策

贯彻落实预算管理一体化是提升企业财务管理水平和会计核算质量的重要手段。通过科学合理的对策，企业可以实现预算管理与会计核算的有机结合，确保预算管理一体化的有效实施。以下从制定统一的预算管理制度、加强信息化建设和提升人员素质三个方面，探讨贯彻落实预算管理一体化的对策。

（一）制定统一的预算管理制度

制定统一的预算管理制度是实现预算管理一体化的关键，通过建立健全的制度框架，企业可以规范预算管理和会计核算的各个环节，从而提升整体管理水平。通过标准化预算编制流程、严格的审批执行机制，企业能够确保预算的科学性、合理性和可行性，同时提高预算管理的效率和效果。以下具体探讨预算管理制度在编制流程、审批执行和监控反馈中的重要性。一是建立标准化的预算编制流程。企业应制定统一的预算编制流程，确保各部门在预算编制过程中遵循相同的标准和要求。通过标准化的预算编制流程，可以提高预算编制的科学性和合理性，减少随意性，确保各项预算的可行性，从而提高预算编制的效率和效果。二是完善预算审批和执行机制。企业应建立严格的预算审批和执行机制，确保预算的有效落实。通过完善的审批机制，可以确保预算的合理性和合法性，避免不合理预算的通过。通过严格的执行机制，企业可以确保各项预算按照计划进行，提高预算执行的效果。

（二）加强信息化建设

加强信息化建设是贯彻落实预算管理一体化的重要手段，通过信息化手段，企业可以实现预算管理和会计核算的高效整合，提高财务管理的智能化水平。一是建设统一的财务管理信息系统，企业应建设统一的财务管理信息系统，确保预算管理和会计核算的数据一致性和实时性。通过统一的系统平台，可以实现预算数据和会计数据的共享，提高数据的准确性和完整性。信息系统可以自动生成财务报表和预算报告，提高财务管理的效率和效果。二是应用先进的数据分析工具，企业应用先进的数据分析工具，对预算执行情况和会计核算数据进行深入分析。通过数据分析工具，可以发现预算管理和会计核算中的问题，提出改进措施。数据分析可以为管理层提供决策支持，提高决策的科学性和合理性。

（三）提升人员素质

提升财务人员素质是确保预算管理一体化顺利实施的重要环节。通过提高财务人员的专业能力和综合素质，企业能够有效地提升预算管理和会计核算的质量与效率，为财务管理的高效运行提供坚实的人才保障。一是加强财务人员的专业培训。企业应定期开展财务专业培训，以提高财务人员的专业知识和技能。通过系统的培训，财务人员能够掌握最新的财务管理理论和实务，从而提升工作水平。专业培训不仅有助于提高财务人员的职业素养，还能增强其工作责任感，确保预算管理和会计核算的质量。二是培养财务人员的综合能力。企业应注重培养财务人员的综合能力，提升其分析和解决问题的能力。通过综合能力的培养，财务人员能够更好地理解和运用预算管理与会计核算的方法，进而提高工作效率。综合能力的提升使财务人员能够在复杂的财务管理环境中做出科学决策，从而提高整体管理效果。

贯彻落实预算管理一体化是提升企业财务管理水平和会计核算质量的重要手段。通过制定统一的预算管理制度、加强信息化建设和提升人员素质，企业可以实现预算管理与会计核算的有机结合，确保预算管理一体化的有效实施。通过科学合理的对策，企业可以提高财务管理的整体效率和效果，促进企业的长期稳健发展和财务健康。

第三节 预算管理一体化对财政资金管理的影响

一、预算管理一体化对财政资金管理的积极影响

预算管理一体化是现代财政资金管理的重要手段，通过预算管理与财政资金

管理的有机结合，政府可以提高财政资金的使用效率和透明度。预算管理一体化对财政资金管理有着积极的影响，主要体现在优化资金配置、提高资金使用效率和增强财政透明度三个方面。

（一）优化资金配置

预算管理一体化作为财政管理的重要手段，旨在通过科学的预算编制和执行，优化财政资金的配置，提高资金使用的效率和效益。通过预算管理一体化，政府能够更好地平衡经济发展与社会需求，实现财政资金的合理分配和有效利用。具体来说，这一过程主要包括以下几个方面：一是科学编制预算至关重要。预算管理一体化要求政府在编制预算时充分考虑各项财政需求，确保资金分配的科学性。政府应根据经济发展目标和社会需求，合理确定预算项目和资金分配比例。通过科学编制预算，可以提高资金配置的合理性，确保各项财政资金的有效使用。二是合理调整预算也是预算管理一体化的核心。政府在预算执行过程中，根据实际情况进行合理调整显得尤为重要。应建立预算调整机制，及时对不合理的预算进行调整，确保资金使用的灵活性。通过合理调整预算，可以进一步优化资金配置，提升财政资金的使用效率和效果。三是实施绩效预算是预算管理一体化的关键步骤。通过评估各项预算项目的绩效，政府可以更好地优化资金配置。建立健全的绩效评估体系，定期评估各项预算项目的实施效果，能够发现资金配置中的问题和不足，提出改进措施，从而提高资金使用效益。

（二）提高资金使用效率

预算管理一体化作为现代财政管理的重要手段，能够有效提升财政资金的使用效率。通过规范资金管理流程和加强资金使用监控，政府可以实现对财政资源的科学配置和有效利用，最大限度地避免资金的浪费和风险。预算管理一体化不仅有助于提高资金使用的透明度，还能确保每一笔资金都能得到合理、合规的运用，从而推动公共财政的良性循环和可持续发展。一是规范资金管理流程。预算管理一体化要求政府建立健全的资金管理流程，确保资金使用的规范性。政府应制定详细的资金使用流程，明确各环节的操作规范和要求。通过规范资金管理流程，可以减少资金使用中的随意性和浪费，提高资金使用效率。二是加强资金使用监控。预算管理一体化强调对资金使用过程的全程监控，确保资金使用的透明性和安全性。政府应建立资金监控系统，对资金的使用情况进行实时监控。通过加强资金使用监控，可以及时发现和解决资金使用中的问题，确保资金的安全和高效使用。

（三）增强财政透明度

预算管理一体化是提升财政资金透明度和公信力的重要手段。通过公开预算信息和加强社会监督，政府可以更好地回应社会公众对财政管理的期望，确保财政资金在公开、公正的环境下得到合理使用。预算管理一体化不仅有助于增强政府的公信力，还能够促进社会公众的参与与监督，从而进一步提升财政管理的质量和效率。一是公开预算信息。预算管理一体化要求政府定期公开预算信息，确保社会公众对财政资金使用情况的知情权。政府应建立预算信息公开制度，定期向社会公布预算编制和执行情况。通过公开预算信息，可以提高财政资金管理的透明度，增强社会公众的信任和支持。二是加强社会监督。预算管理一体化提倡社会公众对财政资金使用进行监督，确保资金使用的公开、公正和透明。政府应建立社会监督机制，鼓励社会公众和媒体对财政资金使用进行监督和举报。通过加强社会监督，可以发现和纠正资金使用中的违规行为，确保资金使用的合法性和规范性。

预算管理一体化对财政资金管理有着积极的影响。通过优化资金配置、提高资金使用效率和增强财政透明度，政府可以实现财政资金的高效管理和使用。通过科学合理的预算管理一体化，政府可以确保财政资金的合理分配和有效使用，提高财政资金管理的整体水平，增强社会公众的信任和支持，促进经济和社会的健康发展。

二、预算管理一体化在财政资金管理中存在的问题

预算管理一体化在财政资金管理中具有重要作用，通过实现预算管理的一体化，可以提高财政资金的使用效率和透明度。然而在实际操作过程中，预算管理一体化也面临一些问题，这些问题制约了其在财政资金管理中的有效性。以下从信息共享不充分、系统整合不完善、预算执行监督不足三个方面探讨预算管理一

体化在财政资金管理中存在的问题。

（一）信息共享不充分

预算管理一体化要求各部门和单位之间实现信息的充分共享，但在实际操作中，信息共享不充分的问题较为突出。各部门和单位之间的信息壁垒和数据孤岛现象依然存在，导致信息流通不畅，影响预算管理的整体效率。信息共享不充分不仅影响了预算编制的准确性和科学性，也制约了预算执行和资金使用的透明度和规范性。

（二）系统整合不完善

预算管理一体化需要一个高度整合的信息系统支持，但目前许多地方的系统整合还不完善。现有的预算管理系统往往独立运行，缺乏统一的接口和标准，导致数据难以实时对接和共享。系统整合不完善使得预算管理过程中的信息采集、处理和分析效率低下，无法充分发挥预算管理一体化的优势，影响财政资金的有效管理。

（三）预算执行监督不足

预算管理一体化强调预算执行的全过程监督，但在实际操作中，预算执行监督不足的问题依然存在。由于监督机制不健全、监督手段落后等原因，许多预算执行过程中的违规行为未能及时发现和纠正，导致财政资金的使用效率和效果受到影响。预算执行监督不足不仅影响了预算管理的透明度和公正性，也制约了财政资金的规范管理和高效使用。

预算管理一体化在财政资金管理中存在信息共享不充分、系统整合不完善和预算执行监督不足等问题，这些问题制约了预算管理一体化的有效实施和财政资金的高效管理。解决这些问题需要从制度建设、技术支持和监督机制等方面入手，全面推进预算管理一体化，提升财政资金的使用效率和管理水平。

三、强化预算管理一体化对财政资金管理的对策建议

为有效应对预算管理一体化在财政资金管理中存在的问题，提高财政资金的

使用效率和管理水平，必须采取一系列强化对策。以下从推进配套制度改革、重视预算及收支管控、科学控制支付风险、推进信息化管理四个方面提出建议。

（一）推进配套制度改革

预算管理的法治化和规范化是提升财政管理水平的重要保障。通过建立健全的预算管理法规体系、完善的体制机制以及严格的考核和问责机制，政府可以确保预算编制、执行和监督工作依法有序进行。同时通过科学的绩效评价体系，可以有效提高财政资金的使用效率，确保各项预算管理措施的落实，推动财政管理的高效运转和公共资源的合理配置。一是建立健全预算管理法规体系，确保预算编制、执行和监督的法制化和规范化，保障各项工作有法可依。二是完善预算管理的体制机制，明确各部门和单位的职责和权限，确保预算管理工作有序开展。三是加强预算管理的考核和问责机制，建立科学的绩效评价体系，确保各项预算管理措施得到有效落实，提高财政资金使用效率。

（二）重视预算及收支管控

通过提升预算编制的科学性、加强执行过程中的管理和监督，政府可以确保财政资金的合理使用和有效管理。这一系列措施不仅保障了预算的合理性和可行性，还通过严格的监督机制提高了预算执行的合规性，从而整体提升了财政资金管理的水平。一是加强预算编制的科学性和准确性，充分考虑各项支出的必要性和可行性，确保预算编制合理、可行。二是加强预算执行的过程管理，严格控制各项支出的发生和金额，确保财政资金按照预算安排合理使用。三是加强预算执行的监督检查，及时发现和纠正预算执行中的违规行为，确保预算执行的合规性和有效性，提高财政资金管理水平。

（三）科学控制支付风险

鉴于建立健全风险管理体系的重要性，要求全面识别、评估和控制支付风险，确保财政资金安全。通过加强重点领域和高风险环节的监控，能够及时发现和防范潜在风险。此外，还须建立风险预警和应急机制，以迅速处理支付过程中的风险事件，从而提高整体支付风险管理水平。一是建立健全风险管理体系，全面识别、评估和控制各类支付风险,确保财政资金安全。二是加强对重点领域和高风险环节的监控,及时发现和防范潜在风险,确保支付过程的规范性和安全性。三是建立风险预警和应急机制,及时处理支付过程中出现的风险事件,减少支付风险对财政资金管理的影响,提高支付风险管理水平。

(四) 推进信息化管理

通过建立统一的预算管理信息系统,应用大数据和人工智能技术,加强信息化管理培训,提升预算管理的透明度、效率和科学性,确保财政资金的合理使用和管理的有效运行。一是建立统一的预算管理信息系统,实现各部门和单位之间的信息共享和实时对接,提高预算管理的透明度和效率。二是应用大数据、人工智能等先进技术,加强对财政资金使用情况的分析和监控,提高预算管理的科学性和精准性。三是加强信息化管理的培训和推广,提高各级财务人员的信息化应用能力,确保信息化管理的顺利实施和有效运行。

通过推进配套制度改革、重视预算及收支管控、科学控制支付风险和推进信息化管理,可以有效强化预算管理一体化,提升财政资金管理的效率和水平。这些对策建议不仅有助于解决当前存在的问题,还能为未来财政资金管理提供坚实保障,确保财政资金的合理、规范、高效使用[①]。

第四节 预算管理一体化对国库集中支付的影响

一、国库集中支付的概念

国库集中支付是现代财政管理制度中的重要组成部分,通过实现财政资金的集中支付,可以提高资金使用效率,增强资金透明度和安全性。国库集中支付是指由财政部门集中管理和支付预算单位的资金,取代传统的分散支付方式。其主要特征包括:一是集中管理,所有预算单位的资金都由国库统一管理,提高资金

[①] 曾广丽. 财政预算管理一体化审核的重要性及优化策略[J]. 财富生活,2022,(18):197.

管理的集中度和透明度；二是统一支付，所有支付活动都通过国库系统进行，减少中间环节，降低资金流失和浪费的风险；三是实时监控，财政部门可以实时监控资金的使用情况，确保资金使用的合规性和有效性，增强财政资金的安全性和管理水平。国库集中支付制度的实施，不仅规范了财政资金的支付流程，提升了支付效率，还有效防范了资金使用过程中的各种风险，推动了财政资金管理的现代化和科学化。这一制度通过统一的支付平台和严格的监控机制，使得财政资金的流动更加透明和可控，为政府的财务决策提供了有力支持，确保了公共资金的安全和高效使用。

二、预算管理一体化对国库集中支付的正向影响

预算管理一体化在提升财政资金管理效率和透明度方面具有显著作用，对国库集中支付也带来了积极的影响。通过预算管理一体化，国库集中支付能够更有效地进行资金管理和监控，提高财政资金的使用效率和透明度。以下从资金使用效率和支付透明度两个方面探讨预算管理一体化对国库集中支付的正向影响。

（一）提高资金使用效率

预算管理一体化通过统一平台实现资金集中管理，避免分散和浪费，提高利用率。精细化编制和执行确保资金合理使用，减少闲置。国库集中支付更加准确反映需求，提升资金使用效率，促进财政科学管理。一是通过统一的预算管理平台，实现对财政资金的集中管理和调配，避免资金分散和浪费，提高资金的利用率。二是通过精细化的预算编制和执行，确保各项资金按照预算安排合理使用，减少资金闲置和浪费。预算管理一体化使得国库集中支付能够更准确地反映财政资金的实际需求，提高资金使用效率，促进财政资金的科学管理和合理使用。

（二）提升支付透明度

通过信息化管理和严格的预算执行机制，实现财政资金支付的全程监控和管理，确保支付过程的公开透明和合规性，提升财政资金管理的透明度、公信力，促进管理规范化。一是通过信息化管理，实现对财政资金支付全过程的实时监控和管理，确保支付过程公开、透明。二是通过严格的预算执行和监督机制，及时

发现和纠正支付过程中的违规行为，确保支付的合规性和透明度。预算管理一体化使得国库集中支付能够更好地接受社会监督，提高财政资金管理的透明度和公信力，促进财政资金管理的规范化和透明化。

预算管理一体化对国库集中支付带来了显著的正向影响，通过提高资金使用效率和提升支付透明度，预算管理一体化有效优化了财政资金的管理和使用，提高了财政资金的利用率和管理水平。通过进一步推进预算管理一体化，可以持续提升国库集中支付的效率和透明度，确保财政资金的合理、规范和高效使用。

三、预算管理一体化下国库集中支付优化措施

预算管理一体化的推进为国库集中支付提供了新的发展机遇和挑战，为了充分发挥预算管理一体化的优势，提升国库集中支付的效率和效果，需要采取一系列优化措施。以下从完善制度建设、强化信息化建设和提升管理水平三个方面探讨预算管理一体化下国库集中支付的优化措施。

（一）完善制度建设

为了确保国库集中支付的高效运行，完善的制度建设至关重要。健全相关制度不仅能够为国库集中支付提供明确的操作规范，还能为管理提供坚实的依据，从而保障支付流程的规范性和安全性。一是建立健全国库集中支付制度框架，明确各部门和单位的职责与权限，确保支付流程规范化和标准化。通过制定统一的支付标准和操作流程，减少支付过程中的随意性和不确定性，提高支付效率和安全性。二是完善支付审批和监督机制，加强对国库集中支付的审批与监督，确保支付过程的透明度和公正性。通过引入第三方审计和社会监督机制，进一步提升支付的透明度与可信度，有效防范和减少支付过程中的腐败与舞弊行为。

（二）强化信息化建设

信息化建设在提升国库集中支付的效率和效果方面具有重要作用。通过信息化手段，能够实现支付流程的自动化和信息共享，从而减少人为干预和操作失误，进一步提升支付的透明度和安全性。一是建设统一的国库集中支付信息系统，实现对支付全过程的实时监控和管理。通过建立统一的信息平台，可以促进

各部门和单位之间的信息共享和数据对接，提高支付的透明度与效率，确保支付过程公开、公正。二是推广电子支付和网上支付，提高支付的便捷性和安全性。通过引入电子支付和网上支付手段，减少纸质单据流转和人工操作，从而降低支付过程中的出错率与风险，进一步提高支付效率和安全性。

（三）提升管理水平

优化国库集中支付的关键在于提升管理水平，这不仅依赖于管理人员的专业素质和能力，还需要对管理流程和机制进行优化。通过强化培训、精简流程、完善考核机制，可以全面提高支付管理的效率和效果。一是要加强管理人员的培训和教育，提升其专业素质和管理能力。通过系统的培训和继续教育，管理人员能够熟练掌握国库集中支付的相关制度与操作流程，从而提升管理水平和服务质量。二是优化管理流程和工作机制，减少支付过程中的冗余环节与不必要的审批，缩短支付周期，提高支付效率与效果。建立科学的工作机制，确保各项工作有序进行，提升支付的协调性与管理水平。三是要加强绩效考核和激励机制，激发管理人员的工作积极性与创造性。通过科学的绩效考核和激励措施，可以调动管理人员的积极性，提升工作效率和服务质量，确保国库集中支付的高效运行与持续改进。

通过完善制度建设、强化信息化建设和提升管理水平，可以有效优化预算管理一体化下的国库集中支付，提升其效率和效果。这些优化措施不仅有助于解决当前存在的问题，还能为未来国库集中支付的持续发展提供坚实保障，确保财政资金的合理、规范和高效使用，实现财政资金管理的现代化和科学化。

第五章　预算管理一体化改革与创新思考

第一节　预算管理一体化改革的成效与问题

一、信息视角下的一体化改革成效

随着信息技术的飞速发展，预算管理的模式也在不断演变，预算管理一体化改革应运而生。预算管理一体化将传统的财务管理与现代信息技术紧密结合，旨在提升预算编制、执行、控制和分析的整体效率。通过一体化改革，财务管理过程中的数据处理能力、信息共享水平以及决策支持功能得到了显著提升。然而在实际应用过程中，预算管理一体化改革也面临诸多挑战。以下从信息技术的视角，探讨预算管理一体化改革的主要成效，并分析当前存在的问题。

（一）提高数据处理能力

预算管理一体化改革的核心之一是利用先进的信息技术来增强数据处理能力。通过信息系统的集成，企业和机构可以更高效地收集、存储和分析预算数据。这种集成不仅减少了人工处理的时间和错误率，还大大提高了数据的准确性和实时性。一是信息技术的应用使得预算数据处理更加自动化和智能化。传统的预算编制和管理过程通常依赖于手工操作，数据处理过程繁琐且容易出错。而在预算管理一体化的框架下，信息系统通过自动化工具，能够快速、高效地处理大量的预算数据，从而显著提高工作效率。二是数据的实时性得到了极大提升。预算管理一体化系统允许企业实时监控预算执行情况，并根据实际情况进行动态调整。这种实时性不仅提高了预算管理的灵活性，还为管理者提供了更为准确的决策支持。

（二）提升信息共享和沟通效率

在传统的预算管理模式下，信息孤岛现象普遍存在，各部门之间的信息交流效率低下，导致预算编制和执行过程中的沟通成本较高。预算管理一体化改革通过信息系统的集成与优化，极大地改善了这一问题。一是预算管理一体化系统打破了信息孤岛，实现了各部门之间的信息共享。通过统一的预算管理平台，各部门可以及时获取所需的预算数据，减少了信息传递的滞后性和失真现象。同时管理者也能够更全面地了解企业的财务状况，从而制定更加科学的预算方案。二是沟通效率的提升促进了部门之间的协作。通过预算管理一体化系统，预算编制、执行和调整的各个环节都能够在同一个平台上进行，这不仅提高了工作效率，还减少了沟通中的误解和冲突。各部门在同一平台上协作，不仅能提高工作效率，还能促进部门之间的互信与合作。

（三）增强决策支持功能

预算管理一体化改革不仅优化了预算管理的流程，还为管理层的决策提供了有力支持。通过对预算数据的深入分析，信息系统能够为管理者提供更为精准和全面的财务信息，帮助其做出更明智的决策。一是预算管理一体化系统提供了强大的数据分析工具。通过这些工具，管理者可以对预算执行情况进行全面分析，发现潜在问题，并及时采取应对措施。这种数据驱动的决策方式极大地提高了管理决策的科学性和有效性。二是决策支持功能的增强使得预算调整更加灵活。在预算执行过程中，企业往往需要根据市场变化和内部需求进行预算调整。预算管理一体化系统通过实时数据分析，能够帮助管理者快速做出调整决策，从而提高企业应对环境变化的能力。

信息视角下的预算管理一体化改革为企业和机构带来了显著的成效，包括数据处理能力的提升、信息共享和沟通效率的提高以及决策支持功能的增强。然而随着改革的深入，一些问题也逐渐显现出来，例如系统的复杂性增加、数据安全性问题以及实施成本高等。未来的改革应在继续优化信息技术应用的同时重视这些挑战,以确保预算管理一体化的顺利实施和持续改进①。

二、信息视角下的一体化改革问题

预算管理一体化改革在提升数据处理能力、促进信息共享和提高决策支持功能等方面取得了显著成效,但同时也面临着一些不可忽视的问题。随着信息技术的广泛应用,预算管理的复杂性增加,改革过程中的挑战和风险也逐渐显现。这些问题不仅影响了预算管理一体化的效果,还对企业和机构的整体财务管理带来了潜在的隐患。以下从信息视角出发,探讨预算管理一体化改革过程中面临的主要问题,并提出应对这些问题的思考。

(一) 系统复杂性与实施难度增加

随着预算管理一体化系统的不断发展,其复杂性和实施难度也在不断增加。信息技术的快速迭代使得预算管理系统在功能上越来越强大,但与此同时系统的设计、部署和维护也变得更加复杂。这一现象在大型企业和跨国机构中尤为明显。一是系统的集成与定制化需求导致实施难度增加。预算管理一体化系统往往需要与企业的其他信息系统进行集成,如财务系统、人力资源系统等。不同系统之间的兼容性问题、数据接口的复杂性以及定制化需求的增加,使得系统的实施和维护变得更加困难。这不仅增加了项目的实施周期,还导致项目失败或达不到预期效果。二是系统的使用门槛提高,对用户技能要求更高。随着预算管理系统功能的增加,用户需要掌握更多的知识和技能才能有效操作系统。这对于企业的财务人员和管理者来说,意味着需要进行更多的培训和学习。然而系统的复杂性和学习成本的增加,会导致部分用户难以充分利用系统的全部功能,从而影响预算管理的效率和效果。

(二) 数据安全与隐私保护问题

在预算管理一体化改革过程中,数据安全与隐私保护问题日益凸显。信息系统的集成虽然带来了数据处理和分析能力的提升,但也使得数据泄露和不当使用

---

① 张恩权.信息视角下的我国预算管理一体化改革研究[D].北京:中国财政科学研究院,2022:32.

的风险增加。尤其是在云计算、大数据等技术广泛应用的背景下，如何确保预算管理数据的安全性成为一个重要的挑战。一是数据集中化带来的安全风险。预算管理一体化系统通常会将企业的财务数据集中存储和管理，这种集中化虽然提高了数据的处理效率，但也使得数据成为黑客攻击的目标。一旦系统被攻破，企业的财务数据会被泄露、篡改甚至删除，造成严重的经济损失和声誉损害。二是数据隐私保护面临的挑战。在预算管理过程中，企业不仅需要处理财务数据，还涉及员工薪酬、客户信息等敏感数据。如何在信息系统中有效保护这些数据的隐私，避免未经授权的访问和使用，是企业在推进预算管理一体化改革时必须重视的问题。否则数据隐私泄露不仅会引发法律纠纷，还导致企业失去客户和员工的信任。

（三）实施成本高与效益评估困难

预算管理一体化改革的实施成本通常较高，特别是在大型企业中。这些成本不仅包括系统的采购、开发和维护费用，还涉及人员培训、流程再造等间接成本。如何评估这些投入的效益，确保改革带来的收益超过成本，是企业在推进预算管理一体化过程中需要解决的另一个重要问题。一是高昂的初始投资成本。预算管理一体化系统的建设往往需要企业投入大量的资金用于系统采购、硬件设施建设和专业人员的聘请。这些初始投资对于中小企业来说，尤其显得负担沉重。即使对于大型企业，如果没有合理的预算和计划，初始投资的高成本也对企业的财务状况产生负面影响。二是效益评估的难度大。尽管预算管理一体化改革被认为能够带来长远的效益，但这些效益往往难以量化。企业在短期内难以看到系统带来的直接经济回报，这使得高层管理者在评估改革成效时面临挑战。如何制定科学的评估指标，并通过长期跟踪和分析来验证系统的效益，是企业在改革过程中需要解决的一个重要问题。

信息视角下的预算管理一体化改革在带来诸多成效的同时也暴露出了一些亟待解决的问题。系统的复杂性增加、数据安全与隐私保护的挑战，以及高昂的实施成本和效益评估的困难，都对预算管理一体化的顺利推进提出了严峻考验。为应对这些问题，企业和机构需要在系统设计初期进行充分的规划与风险评估，制定科学合理的实施计划，并加强员工培训和数据安全管理。只有这样，预算管理一体化改革才能真正发挥其应有的效能，助力企业实现财务管理的优化与提升。

第二节 预算管理一体化改革的经验借鉴

自预算管理一体化改革启动部署始，在统一的宏观性要求之下，各地财政部门根据各自的管理需求形成了具有地方特色的一体化管理模式，并相应开发预算管理一体化系统用以支撑业务。本部分选取其中三个具有代表性的案例作为可借鉴经验，主要讨论其在一体化改革框架内，基于通用规则而又兼顾地方管理现实的特色改革内容。其中，G省、T市、H省的改革经验分别可以看作政府综合性数字规划、财政领域数字规划和财政领域基础规划的典型案例；除去当前预算管理一体化改革的案例外，建立的财政资金直达机制由于其制度设计既涉及财政核心业务（预算编制与执行，并针对过往支付活动难以监管的转移支付支出开展专门化管理），又涵盖上下级部门、同级政府部门间与财政部门内部机构间的业务协作与数据共享，制度和监管系统的设计都体现着财政系统内与部门间两个层面"一体化"的理念，因而本部分也选取其作为可供借鉴的一体化改革经验，用以作为一体化系统建设思路的有效参考。

一、数字政府的一环：G省预算管理一体化改革经验

G省作为数字政府建设的先行者，在预算管理一体化改革方面取得了显著成效。通过建立健全的信息化系统、优化管理流程和加强监督机制，G省成功实现了预算管理的一体化，为其他地区提供了宝贵的经验借鉴。下面从信息化建设、管理流程优化和监督机制加强三个方面详细探讨G省的预算管理一体化改革经验。

（一）信息化建设

信息化建设是G省预算管理一体化改革的重要基础，通过建立统一的信息平台，实现各级部门和单位的信息共享和实时对接，有效提升了预算管理的效率和透明度。一是建设统一的预算管理信息平台。G省通过引入先进的信息技术，建

立了统一的预算管理信息平台，涵盖预算编制、执行和监督等各个环节，实现了各部门和单位之间的信息共享和实时对接。该平台不仅提高了预算管理的效率和透明度，还增强了各部门的协同能力，确保预算管理的一体化。通过统一的信息平台，G省实现了数据的集中管理和共享，消除了信息孤岛现象，提高了信息处理的准确性和及时性。此外G省还通过不断优化和升级信息平台，确保其稳定性和可靠性，为预算管理的一体化提供了坚实的技术保障。二是引入大数据和人工智能技术。G省在预算管理一体化改革中，充分利用大数据和人工智能技术，提高了信息处理和分析能力。通过大数据技术，G省能够对海量预算数据进行高效处理和深度挖掘，发现隐藏在数据中的规律和趋势，为预算编制和执行提供科学的决策支持。人工智能技术则通过自动化处理和智能化分析，减少了人为干预和操作失误，提高了预算管理的准确性和效率。此外G省还利用大数据和人工智能技术，实现了预算执行的全过程监控和实时预警，有效防范和控制了预算执行中的风险。三是推动电子支付和网上支付。为提高预算执行的便捷性和安全性，G省大力推动电子支付和网上支付，通过电子支付和网上支付，G省减少了纸质单据的流转和人工操作，降低了支付过程中的出错率和风险。电子支付和网上支付不仅提高了支付的效率和安全性，还增强了支付过程的透明度和可追溯性，确保了预算执行的规范性和合规性。G省还通过建立电子支付和网上支付的标准和规范，确保各部门和单位在支付过程中遵循统一的操作流程和管理要求，提高了预算管理的一体化水平。

（二）管理流程优化

优化管理流程是G省预算管理一体化改革的核心内容，通过对各个环节的简化和规范，提升了预算管理的整体效率和效果。G省在这一过程中，注重采用先进的管理工具和技术手段，以确保预算管理的科学性、规范性和透明度，推动预算管理水平的持续提升。一是G省着力简化预算编制流程，通过引入滚动预算和零基预算等现代预算编制方法，提升了预算编制的科学性和合理性。滚动预算通过定期更新预算，反映实际业务活动的变化，增强了预算编制的灵活性和适应性。零基预算从零开始编制预算，确保每一项预算支出都有明确依据，提高了预算编制的精准性。此外G省还通过信息平台实现了预算编制的自动化和标准化，减少了人为干预和操作失误,提高了预算编制的效率。二是 G 省规范了预算执行流程,通过建立健全的预算执行制度和操作规范,确保预算执行的合规性和规范性。G 省制定了详细的预算执行操作手册,明确各部门在预算执行中的职责和权限,确保预算支出按照规定程序进行。同时 G 省通过信息平台实现了预算执行的全过程监控,确保各项预算支出真实、准确,并且建立了预算执行的绩效考核机制,通过对执行效果的评估,激励部门提高预算执行的效率。三是 G 省优化了预算监督流程,通过建立健全的监督和反馈机制,确保预算管理的透明度和公正性。G 省设立了预算监督委员会,对预算编制、执行和监督的全过程进行监管。并通过信息平台实现了预算监督的实时监控,确保预算支出的公开透明,接受公众监督。同时 G 省还建立了预算执行的审计制度,通过定期和专项审计,及时发现并纠正执行中的问题,确保财政资金的安全和有效使用。

(三) 加强监督机制

加强监督机制是 G 省预算管理一体化改革的重要组成部分,通过完善的监督制度和机制,确保预算管理的透明度和公正性,并提升财政资金的使用效率和安全性。G 省通过建立预算监督委员会、实施实时监控和预警机制,以及强化审计和绩效评估,构建了全面的监督体系,保障预算管理的高效运行。

一是建立预算监督委员会。G 省在预算管理一体化改革中,成立了预算监督委员会,负责对预算编制、执行和监督全过程进行监督,确保各项预算管理工作依法依规进行。预算监督委员会由政府、社会公众和专家学者组成,具有独立性和权威性,通过定期召开监督会议,对预算管理工作进行评估和审议,确保各项预算支出透明、规范。此外预算监督委员会还负责受理和处理预算执行过程中出现的投诉和举报,及时发现和纠正预算执行中的问题,确保财政资金的安全和高效使用。

二是实施实时监控和预警机制。G 省在预算管理一体化改革中,建立了实时监控和预警机制,通过信息平台实现对预算执行全过程的实时监控和管理。实时监控和预警机制能够及时发现预算执行中的异常情况和潜在风险,提供预警和应急处理方案,确保预算执行的规范性和安全性。G 省还通过信息平台的支持,实现了预算执行的全程记录和可追溯,确保各项预算支出有据可查,提高了预算管理的透明度和公信力。此外实时监控和预警机制还能够提高预算执行的效率和效果，确保财政资金按照预算安排合理使用。

三是加强审计和绩效评估。G省在预算管理一体化改革中，注重加强审计和绩效评估，通过定期审计和专项审计，确保预算管理的规范性和有效性。G省建立了完善的审计制度，对各部门和单位的预算执行情况进行全面审计，及时发现和纠正预算执行中的问题。此外G省还通过建立科学的绩效评估体系，对各部门和单位的预算执行效果进行评估和考核，激励各部门和单位提高预算执行的效率和效果。审计和绩效评估不仅能够提高预算管理的透明度和公正性，还能够促进各部门和单位不断优化预算管理，提高财政资金的使用效率和效果。

G省在预算管理一体化改革中，通过信息化建设、管理流程优化和监督机制加强，取得了显著成效。G省的改革经验为其他地区提供了宝贵的借鉴和参考，通过借鉴G省的成功经验，其他地区可以进一步推进预算管理一体化改革，提高财政资金的使用效率和管理水平，推动财政资金管理的现代化和科学化。

二、智慧财政建设：T市预算管理一体化改革经验

随着信息技术的飞速发展，许多城市在财政管理中逐步引入了"智慧财政"理念，以提升预算管理的效率和透明度。T市作为这一领域的先行者，通过实施预算管理一体化改革，实现了财政管理的智能化、科学化。T市的经验不仅为其他地区的财政改革提供了宝贵的借鉴，也展示了智慧财政在现代预算管理中的巨大潜力。以下结合T市智慧财政建设的具体实践，探讨其在预算管理一体化改革中的成功经验，并分析对其他地区的启示。

（一）推动预算编制的智能化和科学化

在推进预算管理一体化改革中，T市通过智慧财政的建设，大幅度提升了预算编制的智能化水平。信息技术的应用使得预算编制更加精准和科学，减少了人为干预的风险，提升了预算管理的整体效率和可靠性。一是T市引入了先进的数据分析工具和人工智能算法，辅助预算编制工作。通过对历史数据的分析和预测模型的应用，T市能够更加精准地预测未来的财政需求和资源分配，从而制订更加合理和科学的预算方案。与传统的预算编制方式相比，这种智能化方法极大地

减少了预算编制的主观性,确保了预算数据的准确性和客观性。二是 T 市实现了预算编制的动态调整和实时优化。在智慧财政系统的支持下,预算编制不再是一次性的静态过程,而是一个可以根据实际情况动态调整的过程。通过对财政收入、支出和经济环境的实时监控,T 市能够及时调整预算,确保财政资源的最佳配置。这种动态调整机制不仅提高了预算编制的灵活性,也增强了财政应对外部环境变化的能力。

(二) 加强预算执行的全过程监控与管理

T 市在预算管理一体化改革中,还着力加强了预算执行的全过程监控与管理。智慧财政的引入使得预算执行的每个环节都能得到实时监控,从而确保财政资金的使用更加规范和高效。一是 T 市通过建设统一的财政信息平台,实现了对预算执行的全程可视化管理。所有预算执行数据都被整合到这一平台上,各级部门可以实时查看和管理自己的预算执行情况。通过信息平台的实时数据传输和可视化工具,T 市的管理者能够直观地掌握预算执行的进度、资金流向和使用效果,从而及时发现和纠正执行过程中的问题。二是 T 市建立了预算执行的预警和应急处理机制,确保预算执行的安全性和规范性。智慧财政系统能够自动监测预算执行中的异常情况,并根据预设的规则发出预警提示。管理者可以根据系统提供的应急方案,快速采取措施,防止预算执行偏离既定目标。此外 T 市还制定了详细的预算执行应急预案,以应对突发的经济或财政状况,确保财政资金的安全使用和有效管理。

T 市的智慧财政建设在预算管理一体化改革中取得了显著成效,为其他地区提供了宝贵的经验借鉴。通过推动预算编制的智能化和科学化,T 市提高了预算管理的精准度和灵活性;通过加强预算执行的全过程监控与管理,T 市确保了财政资金的安全和高效使用。这些经验表明,信息技术与财政管理的深度融合,不仅能够提升预算管理的效率和透明度,还能增强财政应对复杂经济环境的能力。其他地区在推进预算管理一体化改革时,可以借鉴 T 市的成功经验,结合自身实际,进一步优化和完善预算管理体系,实现智慧财政的全面发展。

三、完善基础业务:H 省预算管理一体化改革经验

近年来,随着我国经济结构的调整和深化改革的推进,各地在预算管理方面

进行了大量的实践探索,以期更好地适应新形势、新任务的要求。其中,H 省作为我国财税体制改革的先行者,在预算管理一体化改革方面积累了丰富的经验,尤其在完善基础业务方面取得了显著成效。通过系统化的业务流程重塑、信息化手段的有效运用,以及政策与管理机制的协同创新,H 省为我国其他地区的预算管理改革提供了宝贵的参考和借鉴。以下围绕 H 省预算管理一体化改革中的基础业务完善的实践,深入探讨其成功经验及启示。

(一) 推进预算编制与执行的无缝衔接

预算编制与执行之间的有效衔接是实现预算管理一体化的关键环节。在实际操作中,预算编制和执行往往存在脱节现象,导致预算执行效率低下,资金使用效果不佳。为了解决这一问题,H 省在预算管理改革中,着力推进预算编制与执行的无缝衔接。H 省通过引入现代信息技术手段,将预算编制过程中的各项指标与预算执行阶段的数据进行实时关联,实现了预算编制与执行的动态监控。具体来说,H 省建立了统一的预算编制与执行平台,将所有预算编制信息纳入信息系统进行管理,确保预算编制数据的全面性和准确性。在此基础上,H 省还开发了预算执行的智能化管理系统,通过该系统,预算执行过程中的资金拨付、项目进展等信息能够实时传递至预算编制部门,使其能够根据实际情况及时调整预算方案,确保预算执行的有效性和灵活性。H 省的实践证明,预算编制与执行的无缝衔接不仅能够提高预算执行效率,还能确保资金使用的透明性和规范性。这一做法为其他地区在预算管理改革中提供了有益的借鉴,值得在更大范围内推广和应用。

(二) 强化预算执行中的风险控制机制

在预算执行过程中,风险控制机制的缺失常常导致预算执行偏离预期,甚至引发财务风险。为有效应对这一问题,H 省在预算管理一体化改革中,特别注重强化预算执行中的风险控制机制,确保预算执行的稳健性和可控性。H 省在预算执行阶段,建立了全面的风险预警和应对机制。一方面 H 省通过信息化手段,实时监测预算执行过程中的各项风险指标,如资金拨付进度、项目执行情况等。一旦发现异常,系统将自动触发风险预警,相关部门能够及时采取措施进行干预。另一方面 H 省还建立了多层次的风险应对方案，根据不同风险等级制订相应的应急预案，确保在风险事件发生时能够迅速响应，将风险损失降至最低。此外 H 省还加强了预算执行过程中的内控建设，确保每一笔资金的使用都有据可查，有效防范了财务风险的发生。H 省通过强化预算执行中的风险控制机制，不仅提高了预算执行的安全性，还有效降低了财务风险。这一做法为其他地区在推进预算管理一体化改革时，提供了重要的经验参考，有助于建立更为稳健的预算执行管理体系。

H 省在预算管理一体化改革中的基础业务完善方面，展现出了较强的创新意识和实践能力。通过推进预算编制与执行的无缝衔接，以及强化预算执行中的风险控制机制，H 省有效解决了预算管理中的诸多难题，为我国其他地区的预算管理改革提供了宝贵的经验借鉴。未来在推动全国范围内的预算管理一体化改革中，各地可以根据自身实际情况，借鉴 H 省的成功经验，进一步完善预算管理体制，提升财政资金的使用效率和效果。

四、可借鉴的管理思路：财政资金直达机制

财政资金直达机制是近年来我国在财政管理领域进行的重要改革之一，其主要目的是通过优化财政资金的分配和使用路径，确保资金能够及时、精准地到达基层和实际需要的领域。这一机制不仅提高了财政资金的使用效率，还增强了财政政策的执行效果。在预算管理一体化改革中，财政资金直达机制提供了许多值得借鉴的管理思路。通过对这一机制的深入分析，可以探索如何在更大范围内推广和优化这一机制，进一步推动预算管理的一体化改革。

（一）精准投放与资金使用效率提升

财政资金的使用效率在很大程度上取决于资金的精准投放，即资金能否及时到达真正需要的地方，并被高效合理地使用。在传统的财政资金管理模式下，资金分配链条较长，层层审批和分配过程不仅延误了资金到位时间，还容易导致资金的截留和挪用。财政资金直达机制在很大程度上解决了这些问题，为资金的精准投放提供了新的思路。财政资金直达机制通过简化资金分配流程，减少中间环节，直接将资金拨付到基层或具体项目单位。这一机制的核心在于通过信息化手

段，实现对资金流向的全程监控，确保资金到位的及时性和精准性。例如中央财政通过专门的直达资金管理系统，将专项资金直接拨付至地方政府或项目执行单位，避免了传统模式下的层层转拨，显著缩短了资金到位时间。此外财政资金直达机制还强调对资金使用过程的实时监管，通过信息化平台实时跟踪资金的使用情况，确保每一笔资金都能被合理高效地使用。通过数据分析，管理部门可以及时发现资金使用中的问题，并迅速采取纠正措施，避免资金的浪费和流失。财政资金直达机制通过精准投放和实时监管，大幅提升了资金的使用效率。这一经验为预算管理一体化改革提供了重要的参考思路，有助于各级政府在资金管理中实现精准化、透明化和高效化。

（二）加强资金使用的透明度与问责机制

在财政资金管理中，透明度和问责机制是确保资金使用合规性的重要保障。传统的资金分配和使用过程往往缺乏透明度，导致公众对资金使用的知情权和监督权难以得到充分保障。财政资金直达机制通过加强资金使用的透明度和问责机制，显著提升了资金管理的公信力和规范性。财政资金直达机制通过信息公开平台，向社会公众公开资金的分配、拨付和使用情况，确保资金流向的透明度。这一机制不仅向上级监督部门报告资金使用情况，还向社会公众披露资金信息，接受公众的监督。例如地方政府通过官方网站和公众平台，定期公布直达资金的使用进展、项目执行情况等信息，使公众能够随时了解资金的使用情况。此外财政资金直达机制还建立了严格的问责机制。一旦发现资金使用过程中存在违规行为，如截留、挪用资金等，相关责任人将被追究法律责任。问责机制的建立不仅强化了资金使用的合规性，还起到了震慑作用，有效防止了腐败行为的发生。通过加强资金使用的透明度和问责机制，财政资金直达机制有效提升了资金管理的公信力和合规性。这一经验为预算管理一体化改革中的资金管理提供了有益的借鉴，有助于构建更为透明、公正和规范的资金使用环境。

财政资金直达机制的实施，不仅在精准投放和提高资金使用效率方面取得了显著成效，还在增强资金使用透明度和问责机制方面发挥了重要作用。这一机制的成功经验为预算管理一体化改革提供了可借鉴的管理思路。未来在推动预算管理一体化改革的过程中，各级政府可以结合实际情况，进一步推广和优化财政资金直达机制，确保财政资金的高效、安全和合规使用，为实现国家经济社会发展目标提供坚实的财力保障。

第三节 预算管理一体化改革的政策建议

一、完善供求：法律约束与制度优化

随着现代社会经济的发展，预算管理一体化已成为公共财政管理的重要趋势。预算管理不仅仅是财政资源的分配工具，更是经济政策的实施平台。面对不断变化的外部环境，预算管理一体化改革面临着诸多挑战。在这一背景下，如何通过政策手段来进一步完善预算管理一体化的供需关系，成为推动财政管理现代化的重要议题。以下重点探讨法律约束与制度优化在预算管理一体化改革中的重要作用，并提出相应的政策建议。

（一）加强法律约束：提高预算管理规范性与透明度

法律制度是预算管理一体化顺利推进的基石。有效的法律约束能够为预算管理提供强有力的规范，保障预算执行的透明度和责任追究机制的完善。因此在预算管理一体化改革中，加强法律约束尤为重要。通过立法明确预算编制、执行、监督等环节的责任和权利，是预算管理一体化改革的重要内容。当前，许多国家在预算管理中存在法律体系不健全、法规执行不到位的问题，导致预算编制缺乏科学依据，预算执行不规范。完善相关法律法规，明确各部门的预算职责和权限，确保预算编制和执行有法可依，加大对预算违规行为的处罚力度，以法律的刚性约束保障预算管理的公正性和透明度。此外加强预算管理一体化的法律约束，还需要建立健全预算公开制度。预算公开是保障公共财政透明度的重要手段，通过立法推动预算信息的公开化，可以让公众和利益相关者更加了解财政资金的分配和使用情况，从而有效监督预算执行过程，防止腐败和滥用。预算公开的法律保障应包括预算编制过程的透明化、预算执行结果的公开化以及预算审查过程的公众参与度等方面。

通过加强法律约束，可以为预算管理一体化改革提供坚实的法律基础，确保预算编制和执行的规范性和透明度。这不仅有助于提高财政管理的效率，还能够增强公共财政管理的公信力和透明度，从而推动预算管理一体化的全面深化。

（二）优化制度设计：构建科学高效的预算管理体系

除了法律约束外，合理的制度设计也是确保预算管理一体化改革成功的关键。优化制度设计，可以有效提升预算管理的科学性和执行效率，为财政资源的合理配置和有效使用提供保障。预算管理一体化改革需要构建科学的预算编制制度。预算编制是预算管理的核心环节，其科学性直接影响到预算的执行效果和财政资源的利用效率。优化预算编制制度应以绩效为导向，结合经济发展目标和社会需求，科学预测财政收入和支出，合理配置财政资源。同时预算编制应充分考虑中长期规划的要求，确保财政政策的连续性和稳定性。通过构建科学的预算编制制度，可以避免盲目扩大财政支出或过度紧缩预算的情况，提升财政资金的使用效益。进一步优化预算管理制度，还需要加强预算执行和监督机制的建设。预算执行是将预算计划转化为实际支出的关键环节，预算管理一体化改革要求构建高效的预算执行机制，确保预算资金按计划使用，避免资金滞留和挪用。在此基础上，健全预算监督制度，通过设立独立的监督机构或引入第三方审计，强化对预算执行过程的实时监督和审计，及时发现和纠正预算执行中的问题。此外建立完善的预算绩效考评机制，对预算执行效果进行科学评估，确保财政资金的使用效率和效益。通过优化制度设计，可以构建科学高效的预算管理体系，确保财政资源的合理配置和有效使用。科学的预算编制制度和完善的预算执行与监督机制相结合，将为预算管理一体化改革的顺利推进提供有力的制度保障，有助于实现财政管理的现代化和公共资源的最大化利用。在预算管理一体化改革过程中，完善供求关系是关键任务之一。通过加强法律约束和优化制度设计，能够为预算管理一体化改革提供坚实的保障。法律约束确保了预算管理的规范性和透明度，而制度优化则为构建科学高效的预算管理体系奠定了基础[1]。

---

[1]赵全厚. 地方政府债务风险防范中的财政金融协调[J]. 财会月刊,2018,(24):6.

二、互联互通：主体沟通与科学建设

在预算管理一体化改革过程中，互联互通是确保各个环节高效协同的重要前提。通过加强不同主体之间的沟通与合作，能够实现信息流通和资源整合，提升预算管理的科学性和精准性。因此，以下探讨如何通过主体间的有效沟通和科学建设，推动预算管理一体化改革的深入发展。

（一）加强主体间沟通

预算管理涉及多个部门和单位，各主体之间的有效沟通是确保预算管理一体化顺利推进的关键。各主体在预算编制、执行和监督过程中，需要密切配合，以确保预算管理的各环节衔接顺畅。通过建立定期沟通机制，各部门能够及时交换信息，协调资源分配，避免因信息不对称导致的决策失误和资源浪费。此外在预算执行阶段，跨部门的沟通能够确保各项预算任务的同步推进，减少执行过程中的障碍和冲突。通过加强主体间的沟通，不仅可以提高预算管理的协同性，还能够增强各部门对预算管理的责任意识，推动整体预算管理效率的提升。通过强化各主体之间的沟通与合作，能够有效提升预算管理的协同效应，为预算管理一体化改革奠定坚实的基础。良好的沟通机制有助于实现信息共享和资源整合，促进预算管理的高效执行。

（二）推进科学建设

科学的预算管理依赖于先进的技术手段和数据支持，推动信息系统建设和数据互联是实现精准预算管理的重要举措。信息技术的发展为预算管理提供了强大的技术支撑。通过构建统一的预算管理信息平台，可以实现各部门数据的互联互通，形成全面的数据支持体系。这样的信息平台能够实时监控预算执行情况，提供精确的数据分析，帮助决策者做出科学合理的预算调整。此外数据的互联还能够促进预算执行的透明化和规范化。科学的预算管理系统可以对资金流向进行全程追踪，确保每一笔财政支出都有据可查，减少人为干预和资源浪费，提高资金使用的安全性和效率。通过推进科学建设和数据互联，预算管理可以实现更高水平的精准管理。这不仅提高了预算执行的效率和透明度，还为决策者提供了可靠的数据支持，推动预算管理一体化改革的深入发展。

互联互通在预算管理一体化改革中发挥着重要作用。通过加强各主体之间的沟通与合作，可以有效提升预算管理的协同效应；而通过推进信息系统的科学建设和数据互联，则能够实现更加精准的预算管理。两者相互作用，共同推动预算管理一体化改革的深入开展，为财政管理的现代化提供坚实的支持。

三、结果实现：技术赋能与人员管理

在预算管理一体化改革的过程中，最终结果的实现不仅依赖于制度和政策的设计，还需要技术的有效赋能和人员管理的优化。通过将先进技术引入预算管理流程，并对人员进行有效的管理与培训，能够显著提高预算管理的效率和准确性。探讨技术赋能和人员管理在实现预算管理一体化改革目标中的关键作用。

（一）提升预算管理的效率与精准度

技术的进步为预算管理带来了全新的工具和方法，通过技术赋能，可以显著提升预算管理的效率和精准度。预算管理一体化改革需要依托现代信息技术的发展，构建智能化的预算管理平台。这样的技术平台能够自动化处理大量预算数据，减少人为操作的误差和时间成本，从而提高预算编制和执行的效率。通过大数据分析、人工智能等技术手段，预算管理系统能够更准确地预测财政收入和支出，为决策者提供更科学的预算依据。同时技术赋能还能够加强预算执行的实时监控和动态调整。智能化的系统可以及时发现预算执行过程中的偏差，并自动生成调整方案，确保预算执行的精准性和灵活性。这不仅提高了预算执行的透明度，还能迅速响应经济环境的变化，保持预算管理的敏捷性。通过技术赋能，预算管理一体化改革能够实现更高效、更精准的管理过程。技术手段的运用不仅优化了预算编制和执行流程，还为决策者提供了更可靠的数据支持，推动了预算管理的现代化进程。

（二）提升团队素质与执行能力

预算管理的有效执行离不开高素质的人员团队，人员管理在预算管理一体化改革中具有不可替代的重要性。在预算管理一体化改革的背景下，人员管理应侧重于提升团队的专业素质和执行能力。通过系统的培训和技能提升，预算管理人员能够更好地掌握现代化预算管理工具和方法，提高其在预算编制、执行和监督中的专业能力。尤其是在技术赋能的环境下，人员的数字素养和数据分析能力变得尤为重要。此外人员管理还需要注重团队合作精神和责任意识的培养。预算管理涉及多个部门和人员，良好的团队合作是确保预算管理顺利进行的关键。通过建立有效的激励机制和明确的责任分工，可以增强团队的执行力，确保预算管理任务的高效完成。通过强化人员管理，可以为预算管理一体化改革提供强有力的组织保障。高素质的团队不仅能够有效运用技术手段提升预算管理效率，还能在复杂的预算管理任务中保持高水平的执行力，确保预算管理目标的实现。

技术赋能与人员管理是实现预算管理一体化改革目标的重要手段。通过技术赋能，预算管理可以实现更高的效率和精准度；而通过优化人员管理，则可以确保团队具备执行预算管理任务的能力和素质。两者相辅相成，共同推动预算管理一体化改革的顺利实现，为公共财政管理的现代化提供了有力支持。

第四节 数字财政背景下预算管理一体化改革

一、数字财政概述

随着信息技术的迅猛发展，数字财政逐渐成为现代财政管理的重要趋势。数字财政不仅是财政管理方式的升级，更是通过技术手段提升财政透明度、效率和精确度的关键。理解数字财政的内涵及其在预算管理一体化中的应用，是推动财政改革的重要前提。以下概述数字财政的基本概念及其对预算管理一体化的影响。

（一）数字财政的定义与核心特征

数字财政是指在财政管理中，广泛应用信息技术和数字化手段，实现财政资金管理、预算编制与执行的智能化和信息化。数字财政的核心在于通过大数据、云计算、人工智能等先进技术，提升财政管理的效率和透明度。数字财政的定义不仅包括财政管理手段的数字化，还涵盖了财政管理模式的创新。例如利用大数据分析，财政部门可以更加精准地预测财政收入和支出，优化资源配置；通过云计算技术，可以实现财政信息的实时共享和更新，提升决策的时效性。此外人工智能技术的应用，可以在预算管理中自动检测异常，提高预算执行的准确性和防范风险的能力。数字财政的核心特征还体现在其信息化和智能化的深度融合上。这不仅改变了传统财政管理的方式，更为实现财政管理的透明化、科学化提供了技术支持。财政管理的各个环节都通过数字技术得到优化，从而提升了整体管理水平。数字财政的定义与核心特征决定了其在现代财政管理中的重要地位。通过数字化技术的应用，财政管理能够更加高效、透明，并能实时应对经济环境的变化，为预算管理一体化改革提供了坚实的技术基础。

（二）数字财政对预算管理一体化的推动作用

数字财政不仅是技术的革新，更是推动预算管理一体化的重要力量，为财政管理模式的现代化转型提供了动力。数字财政通过信息技术的应用，极大地推动了预算管理一体化的发展。数字财政为预算管理的各个环节提供了更为精确的数据支持，使得预算编制更加科学合理。预算执行过程中，通过数字化平台可以实时跟踪资金流动，确保资金使用的透明度和有效性。此外数字财政还通过建立统一的信息平台，实现了各部门之间的数据共享与协同工作，从而推动了预算管理的一体化进程。数字财政还在预算管理的监督与评估方面发挥了重要作用。通过智能化的系统，可以对预算执行情况进行实时监控，及时发现并纠正偏差，确保预算管理的高效性和准确性。这种技术手段的应用，使得预算管理从传统的经验判断转向基于数据的科学决策，大大提升了管理水平。数字财政对预算管理一体化的推动作用是显著的。通过技术手段的深度应用，预算管理变得更加精准和高效，为财政资源的合理配置和使用提供了有力支持。这种技术推动下的管理模式创新，标志着财政管理进入了一个全新的数字化时代。

数字财政作为现代财政管理的重要发展方向，不仅改变了传统的财政管理模式，还为预算管理一体化提供了强大的技术支持。通过对数字财政的理解和应用，财政管理的各个环节得到了优化，提升了效率、透明度和科学性。未来随着数字技术的进一步发展，数字财政将在推动预算管理一体化改革中继续发挥关键作用，助力财政管理的现代化转型。

二、数字财政背景下预算管理一体化改革的逻辑框架

在数字财政背景下，预算管理一体化改革的推进不仅需要技术支持，更需要构建一套科学的逻辑框架。这一框架不仅要涵盖预算编制、执行和监督等环节，还应融合数字化手段，确保财政管理的整体性和协调性。以下探讨数字财政背景下预算管理一体化改革的逻辑框架，分析其构成要素和运行机制。

（一）数字化驱动的预算管理模式转型

数字财政的核心在于通过技术手段实现财政管理模式的全面转型，这一转型是预算管理一体化改革的基础。数字化驱动的预算管理模式转型，要求将传统的预算管理流程与现代信息技术深度融合。在这一模式中，预算编制不再是单一的行政程序，而是基于大数据分析和预测的科学决策过程。通过数字化平台，各部门可以实时共享数据，协同进行预算编制，避免信息孤岛和重复劳动，提升预算编制的精准性和效率。此外预算执行和监督也在数字化驱动下发生了显著变化。数字平台可以实时监控预算执行情况，自动预警资金使用中的异常，并根据实时数据调整预算安排。这样的管理模式使得预算执行更加灵活高效，监督也更为全面深入，确保了财政资源的合理配置和使用。数字化驱动的预算管理模式转型，是实现预算管理一体化的关键步骤。通过这一转型，预算管理变得更加科学、精准，有效推动了财政管理的现代化进程，为预算管理一体化改革提供了坚实的基础。

（二）逻辑框架的核心要素：系统集成与数据治理

在数字财政背景下，预算管理一体化的逻辑框架需要依靠系统集成与数据治理这两个核心要素来实现。系统集成是指将预算管理的各个环节和部门通过数字化平台进行统一整合。通过系统集成，各部门的信息系统可以无缝连接，形成一个完整的预算管理网络。这种集成不仅提高了信息传递的速度和准确性，还加强了各环节的协同作用，确保预算管理流程的顺畅和高效。数据治理则是保证预算管理一体化改革成功的另一关键要素。数字财政带来

了海量数据，这些数据的质量直接影响到预算管理的科学性和决策的精准性。通过有效的数据治理机制，如数据标准化、数据清洗和数据分析，可以确保预算管理所需的数据准确、及时，从而提高预算编制和执行的效果。系统集成与数据治理是数字财政背景下预算管理一体化改革逻辑框架的核心要素。通过系统集成，各环节的紧密协作得以实现；通过数据治理，确保了管理决策的科学性和精准性。这两者共同构成了预算管理一体化的坚实基础，推动财政管理向数字化、智能化方向迈进。

在数字财政的背景下，预算管理一体化改革的逻辑框架需要以数字化驱动的模式转型为基础，并通过系统集成与数据治理这两个核心要素来实现。这样的逻辑框架不仅确保了各部门和环节的高效协同，也提升了预算管理的科学性和精准度，为财政管理的现代化转型提供了强有力的支持。

三、预算管理一体化改革的新机遇

数字财政的快速发展为预算管理一体化改革带来了全新的机遇。通过技术创新和管理模式的优化，财政管理可以实现更高效、更透明的运作。以下探讨数字财政背景下预算管理一体化改革所面临的新机遇，分析其带来的潜在优势和发展空间。

（一）技术创新驱动管理效率提升

数字技术的迅猛发展为预算管理一体化带来了前所未有的效率提升机会。通过引入大数据、人工智能和区块链等先进技术，预算管理的各个环节得以优化和自动化。预算编制可以更加精准，数据处理更加快速，监督过程更加透明。这些技术创新不仅缩短了管理流程的时间，还减少了人为操作的误差，提高了整体管理效率。技术创新为预算管理一体化改革提供了强大的驱动力，使财政管理更加高效和可靠，开启了全新的管理时代。

（二）数据驱动的决策优化

数据作为数字财政的核心资源，为预算管理提供了丰富的决策支持。通过对海量数据的深度挖掘和分析，决策者可以更加精准地预测经济趋势，合理配置财政资源。数据驱动的决策模式不仅提高了预算编制的科学性，还增强了财政政策的灵活性和应变能力。数据驱动为预算管理一体化改革带来了决策优化的新机遇，使财政管理更具前瞻性和灵活性，增强了管理的精确度和响应速度。

数字财政背景下，预算管理一体化改革迎来了技术创新和数据驱动的双重机遇。通过这些新机遇，财政管理能够实现更高效的运作和更精准的决策。这些变革将推动预算管理一体化的进一步深化，助力财政管理的现代化发展。

四、预算管理一体化改革的挑战

尽管数字财政为预算管理一体化改革带来了诸多机遇，但也面临着一系列挑战。这些挑战不仅涉及技术层面，还包括组织管理和制度建设方面的难题。以下探讨预算管理一体化改革中遇到的主要挑战，并分析其对改革进程的影响。

（一）技术复杂性与系统整合困难

数字财政依赖复杂的技术系统，这给预算管理一体化的实施带来了技术整合的挑战。在预算管理一体化改革过程中，各种新技术的引入需要与现有系统进行整合。然而技术系统的复杂性和差异性往往导致整合过程中的技术障碍，增加了实施的难度。此外不同部门之间的系统兼容性问题也影响数据的共享与协作，削弱改革的效果。技术复杂性和系统整合困难是预算管理一体化改革中不可忽视的挑战，解决这些问题需要投入大量资源和专业技术支持。

（二）组织变革与人员适应能力不足

预算管理一体化改革不仅是技术的革新，更要求组织结构和人员能力的同步升级。改革要求财政管理部门对组织架构进行调整，同时提升人员的数字化素养。然而现有人员难以迅速适应新的技术和流程，导致管理效率降低。此外组织变革过程中的抵触情绪和适应能力不足，进一步延缓改革进程，增加改革的阻力。组织变革与人员适应能力不足构成了预算管理一体化改革的另一大挑战，需要通过培训和管理优化来逐步克服。

预算管理一体化改革在数字财政背景下面临着技术整合和组织变革的双重挑

战。技术复杂性与系统整合困难需要专业技术的支持,而组织变革与人员适应能力不足则需要通过有效的管理和培训加以解决。面对这些挑战,改革的顺利推进将取决于各方的协调与合作,确保预算管理一体化的最终实现。

五、数字财政背景下预算管理一体化改革路径

在数字财政背景下,预算管理一体化改革的路径选择至关重要。通过合理规划和策略实施,改革可以更顺利地推进并实现预期目标。以下探讨数字财政背景下预算管理一体化改革的路径,并分析这些路径在实践中的应用效果。

(一)加强技术基础设施建设

数字财政的有效实施依赖于强大的技术基础设施,因此建设完善的技术平台是改革的基础路径之一。在推进预算管理一体化改革时,加强技术基础设施建设,包括搭建统一的数字化管理平台、提升数据处理能力和确保系统安全性,是改革成功的关键。通过建立一体化的技术平台,各部门可以实现数据的无缝对接和信息的实时共享,这不仅提高了管理效率,还确保了预算管理的精确性和可靠性。此外完善的数据安全措施也是保障系统运行的必要条件,防止数据泄露和系统故障对财政管理带来负面影响。技术基础设施建设是预算管理一体化改革的核心路径,奠定了整个改革进程的技术基础,确保系统运行的稳定性和安全性。

(二)推进组织管理变革

在数字财政背景下,组织管理的同步变革是确保改革顺利进行的重要路径。组织管理变革是预算管理一体化改革的关键环节,需要通过优化组织结构、提升管理人员的数字化能力来实现。改革路径应包括重新设计组织架构,确保各部门之间的协调与合作更加紧密。同时针对管理人员和一线工作人员进行数字化技能培训,提升其对新技术的理解和应用能力,从而保证改革措施能够有效落地。此外设立专门的管理团队来监督和指导改革过程,以应对改革中的突发问题,确保改革进程的稳步推进。推进组织管理变革是实现预算管理一体化改革的重要路径之一,只有通过合理的组织结构和高素质的管理团队,改革才能在复杂的环境中顺利实施并取得成效。

数字财政背景下的预算管理一体化改革路径主要包括技术基础设施建设和组织管理变革。通过加强技术平台建设，可以为改革提供稳固的技术支撑；而通过组织管理的变革，则能够确保各项改革措施的有效实施。这两条路径相辅相成，共同推动预算管理一体化的实现，为现代财政管理的持续发展奠定坚实的基础[①]。

[①]张敏翔,周志强. 数字财政背景下预算管理一体化改革路径[J]. 财会通讯,2023,(24):164.

第六章 预算管理一体化的应用实践研究

第一节 科研事业单位预算管理一体化

一、科研事业单位推进预算管理一体化的必要性

科研事业单位作为创新和技术发展的重要载体，其资金管理的效率和透明度直接影响科研成果的产出与应用。在数字财政的推动下，预算管理一体化已成为科研事业单位提升财务管理水平的必然选择。以下探讨科研事业单位推进预算管理一体化的必要性，分析其对科研管理效率和资源配置的影响。

（一）提升科研资金使用效率

科研事业单位管理的核心在于如何高效地利用有限的科研资金，确保研究项目的顺利开展和创新成果的实现。通过推进预算管理一体化，科研事业单位可以更加精准地规划和分配科研资金，避免资源浪费和资金挪用。一体化管理平台能够实时监控资金使用情况，确保每一笔科研经费都用于预定的研究项目。此外科学的预算管理能够有效整合多方资金来源，合理分配资源，提高科研活动的整体效率。这样，科研单位可以最大化地发挥资金的效用，推动更多高质量科研成果的产出。通过提升科研资金的使用效率，预算管理一体化为科研事业单位提供了更高效的资金管理方式，助力科研项目的成功实施和创新目标的达成。

（二）增强科研管理的透明度与规范性

科研事业单位的资金管理涉及多方利益，确保管理过程的透明度与规范性是保障科研活动公正性的关键。推进预算管理一体化可以显著提高科研资金管理的透明度。通过数字化平台，资金的流向和使用情况可以实时公开，接受内部和外部的监督。这不仅有助于防范腐败行为，还能增强对资金使用的责任追究力度。

同时规范化的预算管理流程确保了资金分配的合理性和合法性，减少了随意性操作，提升了科研管理的公信力。通过增强管理透明度和规范性，预算管理一体化为科研事业单位建立了更加公正和透明的财务管理机制，保障科研资金的合理使用和科学研究的顺利开展。

科研事业单位推进预算管理一体化是提升科研资金使用效率和管理透明度的必要举措。通过这一改革，科研单位能够更有效地管理资金资源，确保科研项目的成功实施，并维护科研管理的公正性和规范性。这不仅有助于提高科研产出的质量，还为科研事业的可持续发展提供了坚实的财务基础。

二、预算管理一体化推进实施面临的挑战

在科研事业单位推进预算管理一体化的过程中，尽管其带来的效率和透明度提升显而易见，但实施过程中也面临着诸多挑战。这些挑战不仅影响了改革的推进速度，也考验了科研单位在管理模式上的适应能力。因此，以下探讨科研事业单位在推进预算管理一体化过程中所面临的主要挑战。

（一）技术与系统整合的复杂性

科研事业单位的预算管理系统涉及多个部门和不同的科研项目，技术与系统整合的复杂性成为推进预算管理一体化的一大挑战。科研事业单位通常存在多种独立的管理系统，各系统之间的差异和不兼容性增加了整合的难度。要实现预算管理一体化，需要将这些分散的系统整合到一个统一的平台上，这不仅需要克服技术障碍，还需要考虑各部门对新系统的适应能力。此外，技术人员的缺乏和系统开发成本的高昂也进一步增加了这一挑战，使得科研单位在实施过程中面临技术支持不足和成本超支的问题。技术与系统整合的复杂性是科研事业单位在推进预算管理一体化时不可忽视的挑战，克服这一难题需要投入足够的技术资源和时间，确保系统的稳定运行和各部门的顺利过渡。

（二）人员素质与组织变革的适应难度

预算管理一体化的成功实施不仅依赖于技术系统的整合，还要求人员素质的提升和组织变革的顺利进行。科研事业单位的人员在面对新的预算管理系统时，

存在技术能力不足和对新系统的不适应。很多科研人员习惯于传统的管理方式，对数字化管理平台的使用感到陌生甚至抵触。此外推进预算管理一体化还涉及组织架构的调整，打破原有的权责分配，导致内部管理层出现不稳定因素。如果这些问题得不到有效解决，预算管理一体化的推行将面临较大阻力，影响改革的最终效果。人员素质与组织变革的适应难度是预算管理一体化推进中的一大挑战，科研事业单位需要通过加强培训和合理规划组织变革，确保改革措施顺利落地。

科研事业单位在推进预算管理一体化的过程中，面临着技术与系统整合的复杂性以及人员素质和组织变革的适应难度。这些挑战要求科研单位在实施改革时，不仅要投入必要的技术资源，还需通过系统培训和有效管理变革来确保顺利过渡和改革的成功。面对这些困难，科研事业单位需要制定周密的实施计划，以应对改革中的各类问题，确保预算管理一体化的有效实施。

三、预算管理一体化推进实施路径分析

在科研事业单位推进预算管理一体化的过程中，选择合适的实施路径至关重要。通过合理规划和系统推进，可以有效克服改革中的阻力，确保预算管理一体化的顺利实施和目标达成。以下分析科研事业单位推进预算管理一体化的可行路径，并探讨如何在实践中加以应用。

（一）分阶段实施与渐进式改革

面对预算管理一体化的复杂性，采取分阶段实施和渐进式改革的策略，可以有效降低改革风险。科研事业单位的预算管理系统较为复杂，涉及多个部门和多项业务。通过分阶段实施，单位可以逐步引入新的预算管理工具和流程，避免一次性改革带来的系统冲击。可以从关键部门和核心业务入手，试点推行预算管理一体化，在取得经验和反馈后，再逐步扩展至全单位。渐进式的改革方式不仅能够降低技术整合和人员适应的难度，还可以根据实施过程中的反馈及时调整策略，确保改革的顺利推进。分阶段实施与渐进式改革路径能够帮助科研事业单位有效控制改革风险，确保预算管理一体化的顺利推进和逐步落地。

（二）加强培训与建立支持体系

预算管理一体化的成功推进离不开全员的理解和参与，因此加强培训和建立

有效的支持体系是关键步骤。预算管理一体化改革的核心在于技术系统的使用和管理流程的变化。科研事业单位应在实施前组织广泛的培训,确保所有相关人员掌握新系统的操作技能和管理要求。此外建立持续的技术支持和咨询服务体系,可以为改革过程中遇到的问题提供及时帮助,减少因技术难题或操作失误导致的改革停滞。通过培训和支持体系的建立,可以增强全员对改革的信心,提高改革的执行力和成功率。通过加强培训和建立支持体系,科研事业单位能够确保人员技能提升和系统的平稳运行,推动预算管理一体化改革的有效实施。

科研事业单位推进预算管理一体化改革,应采取分阶段实施和渐进式改革的路径,同时加强培训与建立支持体系。这种多层次的实施策略不仅有助于降低改革的风险,还能够确保人员的充分准备和系统的平稳过渡。通过合理规划和有效管理,科研事业单位可以成功实现预算管理一体化,提升整体管理效率和科研成果的产出。

第二节 预算管理一体化下高校财务管理转型

一、预算管理一体化在高校财务管理中存在的主要问题

随着预算管理一体化改革的推进,高校财务管理面临着一系列新的挑战和问题。这些问题不仅影响了高校财务管理的效率和效果,也阻碍了预算管理一体化在高校中的深入实施。识别并解决这些问题对于推动高校财务管理转型具有重要意义。以下探讨预算管理一体化在高校财务管理中面临的主要问题。

(一)财务信息系统整合难度大

高校财务管理涉及多项业务,现有的财务信息系统多为独立运行,整合难度较大。预算管理一体化要求将各类财务信息系统整合到一个统一的平台上。然而高校现有的财务系统往往独立运行,数据标准不统一,系统兼容性差,这给系统整合带来了巨大挑战。整合过程中,数据转换和系统升级需要耗费大量时间和资源,且易产生技术故障,影响财务管理的连续性和稳定性。财务信息系统整合难

度大是高校推进预算管理一体化面临的首要问题，解决这一问题需要在技术上进行大规模投入和长期规划。

（二）财务人员数字化素养不足

预算管理一体化要求财务人员具备较高的数字化技能，然而高校财务人员的数字化素养普遍不足。在预算管理一体化的背景下，财务管理工作日益依赖信息技术和数据分析。高校财务人员若无法适应这一变化，将难以有效执行新的管理流程。然而很多高校的财务人员对数字化工具的使用不熟悉，缺乏必要的培训和支持，这导致他们在新系统的使用上存在较大障碍，影响了预算管理一体化的实施效果。财务人员数字化素养不足直接影响了预算管理一体化在高校中的推广，提升财务人员的数字化能力是当前急需解决的问题。

（三）管理流程与制度更新滞后

预算管理一体化的有效实施依赖于与之配套的管理流程和制度，但高校在这方面的更新速度滞后。高校的财务管理制度和流程往往多年未作调整，无法满足预算管理一体化的要求。新系统的引入需要新的管理流程和制度配套，但高校在制度更新上往往滞后于技术进步，导致财务管理工作在新旧系统之间出现脱节。这种滞后的制度和流程不仅限制了新系统的功能发挥，还增加了管理的复杂性，给财务工作带来了额外的负担。管理流程与制度更新滞后是高校财务管理转型中面临的又一大问题，需要高校管理层加快改革步伐，确保制度与技术同步发展。

预算管理一体化在高校财务管理中面临着财务信息系统整合难度大、财务人员数字化素养不足、管理流程与制度更新滞后等主要问题。要实现高校财务管理的有效转型，必须解决这些核心问题，才能确保预算管理一体化的顺利推进，为高校的财务管理带来实质性提升。

二、预算管理一体化下高校财务流程管理的必要性

在预算管理一体化的背景下，高校的财务管理流程面临着重新设计和优化的需求。传统的财务管理流程已经难以适应现代化的管理要求，实施预算管理一体化是提升高校财务管理效率、透明度和准确性的关键途径。以下探讨高校在预算

管理一体化下优化财务流程管理的必要性。

（一）提高财务管理效率

预算管理一体化可以通过优化财务流程，大幅提高高校财务管理的效率。高校财务管理传统上存在流程繁琐、信息传递不畅的问题，导致财务处理时间长，效率低下。通过预算管理一体化，财务流程得以标准化和自动化，从而减少了人工操作的环节，降低了人为错误的风险。自动化系统的引入可以加快数据处理和报告生成速度，使高校财务管理更加高效和敏捷。预算管理一体化下的财务流程优化能够有效提升管理效率，减少财务工作的重复性劳动，提高资金运转的速度和准确性。

（二）增强财务管理透明度

在高校财务管理中，透明度是确保资金使用合理性和防范腐败的关键，而预算管理一体化为透明化管理提供了技术支持。通过预算管理一体化，高校的财务流程可以实现全程监控和数据公开，使资金流动的每一个环节都清晰可见。自动化系统记录的所有数据都可追溯和审核，杜绝了信息的不对称性，减少了财务管理中的暗箱操作。同时预算管理一体化能够将财务信息及时公开，提高了各利益相关方对资金使用的信任度和参与度。预算管理一体化显著增强了高校财务管理的透明度，有助于建立公正、公开的财务管理环境，防范财务风险和腐败行为。

（三）确保财务数据的准确性和一致性

准确的财务数据是高校做出科学决策的重要基础，而预算管理一体化为数据的准确性和一致性提供了保障。在传统的高校财务管理中，数据往往分散在不同的系统和部门之间，容易出现数据重复、错误或不一致的情况。这不仅影响了决策的准确性，还导致资源的浪费。预算管理一体化通过建立统一的数据平台，将所有财务数据集中管理，确保了数据的唯一性和准确性。各部门的财务数据能够在统一平台上实时更新和共享，避免了重复录入和数据冲突的问题。通过预算管理一体化，高校可以确保财务数据的准确性和一致性，从而为管理决策提供更为可靠的基础数据支持。

预算管理一体化下高校财务流程管理的必要性体现在提高管理效率、增强透明度以及确保数据准确性和一致性方面。通过优化财务流程，高校可以实现财务管理的现代化转型，为学校的整体发展提供强有力的财务支持。预算管理一体化不仅是提升管理水平的必由之路，也是适应数字化时代财务管理需求的迫切要求。

三、预算管理一体化下高校财务流程的管理

随着数字化技术的不断进步，高校财务管理面临着全面升级的需求。预算管理一体化成为应对这一需求的关键途径，通过整合各项财务管理流程，优化资源配置，提高管理效率。高校财务管理的复杂性决定了其流程管理不仅涉及预算编制、执行、监督等基本环节，还包括与其他部门的协作和信息共享。为实现高校财务管理的现代化和高效化，必须深刻理解预算管理一体化的核心理念，并将其有效融入财务管理的各个流程中。以下详细探讨预算管理一体化下高校财务流程管理的五个关键方面，分析其对高校财务管理的深远影响。

（一）预算编制流程的标准化与自动化

预算编制是高校财务管理的起点，其准确性和科学性直接影响整个财务管理流程的有效性。在预算管理一体化背景下，预算编制流程的标准化与自动化成为提升管理效率和减少人为错误的关键。通过预算管理一体化，高校可以建立统一的预算编制标准，将各部门的预算需求集中到一个平台上进行处理。标准化的预算编制流程不仅确保了各项预算的统一性和规范性，还减少了因部门间差异导致的预算冲突。此外自动化技术的应用使预算编制从数据收集到分析、预测的全过程都能实现系统化处理，极大地提高了工作效率。自动化预算编制系统能够根据历史数据和当前经济形势，自动生成合理的预算方案，并实时调整预算，适应变化中的外部环境。预算编制流程的标准化与自动化是预算管理一体化下高校财务管理的基础，通过这些措施，可以确保预算编制的高效性和准确性，为后续财务管理流程提供坚实保障。

（二）预算执行的透明化与实时监控

预算执行是高校财务管理的核心环节，如何确保预算资金的合理使用和及时

调整是管理的关键。预算管理一体化强调预算执行过程中的透明化和实时监控，以提升管理的精确性和及时性。通过预算管理一体化，预算执行可以实现全程透明化，所有资金流动情况均可在系统中实时监控。这种透明化管理不仅有助于防止资金挪用和滥用，还可以提高各级管理者的责任意识。同时实时监控系统能够及时发现执行过程中出现的偏差，并提供数据支持，帮助管理者进行及时的调整和优化。这样，预算执行不再是一个静态的过程，而是一个动态的管理体系，可以根据实际需求进行灵活调整，确保资金的高效利用。预算执行的透明化与实时监控是预算管理一体化的核心优势之一，通过这些手段，高校可以确保资金使用的合理性和有效性，从而更好地服务于学校的教育和科研任务。

（三）预算监督与审计的系统化与智能化

预算监督与审计是确保高校财务管理合规性和安全性的关键环节。预算管理一体化通过系统化与智能化手段，使监督与审计工作更加精准和高效。在预算管理一体化下，高校的预算监督与审计流程可以通过系统化管理平台进行整合，各类数据的自动化采集与分析，使得审计工作不再依赖于人工核查，而是通过智能系统进行实时监控和自动预警。智能化审计系统能够根据设定的规则和标准，自动识别异常财务活动，并生成详细的审计报告，供管理层参考。这种系统化与智能化的审计模式不仅提高了审计的效率和准确性，还能大幅降低审计成本，减少人为干预的风险，确保审计结果的客观性和公正性。通过系统化与智能化的预算监督与审计，高校可以有效防范财务风险，确保财务管理的透明度和合规性，为预算管理一体化的深入实施提供有力保障。

（四）跨部门协作与信息共享的无缝对接

高校财务管理涉及多个部门的协同工作，如何实现跨部门协作与信息共享的无缝对接，是预算管理一体化的重要挑战之一。预算管理一体化通过统一的平台和数据标准，实现了部门间的紧密合作和信息流的顺畅传递。在传统的高校财务管理中，跨部门协作往往因为信息孤岛而效率低下，导致重复工作和资源浪费。预算管理一体化打破了部门之间的信息壁垒，通过一个统一的数字平台，所有部门都可以在同一平台上进行数据输入、处理和共享。这种无缝对接的方式不仅提高了跨部门工作的效率，还确保了数据的一致性和准确性，各部门可以实时获取所需信息，减少了沟通成本和时间延误。信息共享还增强了管理层对各部门财务状况的整体把握，便于作出全局性决策。跨部门协作与信息共享的无缝对接是预算管理一体化的核心要求，通过这一措施，高校可以实现各部门工作的高效整合，提升整体管理水平和资源利用效率。

（五）数据驱动的决策支持与绩效评估

数据驱动的决策支持与绩效评估是预算管理一体化的重要组成部分，利用数据分析提供的深刻洞察，管理者能够更好地制定财务决策和进行绩效考核。预算管理一体化下的财务管理流程离不开大数据和智能分析工具的支持。通过数据驱动的决策支持系统，高校管理者可以实时分析财务数据，从而做出更加精准的预算调整和资金分配决策。智能系统能够整合历史数据和当前趋势，生成多种预测模型，帮助管理层预见潜在的财务风险并提前采取措施。此外数据驱动的绩效评估工具能够客观衡量各部门的预算执行效果和资金使用效率，形成科学的绩效评估体系。这不仅提升了管理决策的科学性，还为未来预算编制提供了数据支持。数据驱动的决策支持与绩效评估使高校财务管理更具科学性和前瞻性，通过这种方式，高校能够在预算管理一体化背景下，更好地实现财务资源的优化配置和管理绩效的提升。

预算管理一体化下高校财务流程的管理通过标准化与自动化的预算编制、透明化与实时监控的预算执行、系统化与智能化的预算监督与审计、跨部门协作与信息共享的无缝对接以及数据驱动的决策支持与绩效评估等多方面的措施，全面提升了高校财务管理的效率、透明度和科学性。这一管理模式不仅适应了数字化时代的要求，也为高校在资源配置和管理绩效上提供了强有力的支持，为高校的可持续发展奠定了坚实的基础[①]。

四、预算管理一体化背景下高校财务管理转型策略

在预算管理一体化背景下，高校财务管理需要进行全面的转型，以适应日益

---

①龚艳林．预算管理一体化下高校的财务流程管理[J]．商业会计,2023,(19):111.

复杂的经济环境和日渐严格的财政管理要求。转型不仅仅是技术的更新，更是管理理念和策略的全面升级。高校财务管理必须在资金配置、资源利用、风险防控等多个方面进行深度改革，以实现管理效率的提升和财务透明度的增强。以下探讨在预算管理一体化背景下，高校财务管理转型的主要策略，并分析这些策略在实践中的实施路径和预期效果。

（一）推进全流程预算管理

全流程预算管理是高校财务管理转型的基础，通过对预算编制、执行、监督、调整的全程管理，确保资金使用的有效性和管理的规范性。在预算管理一体化背景下，高校需要打破传统的分段式预算管理模式，转而实施全流程预算管理。这种管理模式强调预算管理的全过程覆盖，包括从预算编制到最终审计的各个环节。通过全流程管理，能够确保各项财务活动有序衔接，避免中途的管理断层和资金浪费。此外全流程管理还要求在预算执行过程中，根据实际情况进行及时的调整，以应对不可预见的变化和需求。这种灵活性使得预算管理更加贴近实际需求，确保了财务资源的高效使用。推进全流程预算管理是高校财务管理转型的重要策略，通过这种全面的管理模式，高校可以实现资金管理的规范化和高效化，提升整体财务管理的质量和效果。

（二）构建数据驱动的财务决策体系

在数字化时代，数据已成为财务决策的重要依据。构建数据驱动的财务决策体系，是高校实现精准管理和科学决策的关键。数据驱动的财务决策体系依赖于高校内部信息系统的集成和数据的高效利用。在预算管理一体化的框架下，高校需要建立一个强大的数据管理平台，整合财务数据、科研数据、教学数据等多个维度的信息，通过大数据分析和智能算法，为财务决策提供科学依据。这样的体系能够帮助管理层及时了解财务状况，预见未来的财务风险，并制定有效的应对策略。此外数据驱动的决策体系还能够提高预算编制的精准性，通过对历史数据的分析预测未来的财务需求，确保预算的科学性和合理性。构建数据驱动的财务决策体系，可以显著提升高校财务管理的科学性和前瞻性，帮助高校更好地应对复杂多变的经济环境，实现财务管理的战略目标。

（三）加强财务风险防控机制

随着高校资金管理规模的不断扩大，财务风险防控已成为财务管理中的一个重要课题。建立健全的财务风险防控机制是高校财务管理转型的必要步骤。预算管理一体化要求高校在财务管理中引入更为严密的风险防控机制。财务风险防控不仅包括对预算执行过程中出现的资金浪费和挪用的预防，还涉及对整个资金管理体系的安全性保障。高校应通过内部审计和外部监管相结合的方式，建立多层次的风险防控体系。同时利用信息技术手段，对财务数据进行实时监控和分析，及时发现和预警潜在的财务风险。此外还需要定期对财务风险防控机制进行评估和优化，确保其能够应对新的财务管理挑战和风险。加强财务风险防控机制，能够有效防范和化解高校财务管理中的各种风险，保障资金的安全和管理的规范性，为高校财务管理的稳定发展提供坚实的保障。

（四）提升财务管理人员的专业素养与综合能力

财务管理人员是高校财务管理转型的执行者和推动者，提升其专业素养和综合能力，是实现财务管理转型的关键。在预算管理一体化的背景下，高校财务管理对人员的要求大幅提高。财务管理人员不仅需要掌握先进的财务管理知识和技能，还必须具备较强的数字化素养和数据分析能力。为此高校应加强对财务管理人员的培训和继续教育，通过举办专业培训班、引进外部专家讲座等方式，提升其专业能力。此外财务管理人员还需具备较强的沟通协调能力和管理能力，以应对跨部门的协作需求和复杂的管理环境。高校可以通过制定激励机制，鼓励财务管理人员不断提升自身素质，并为其提供职业发展的多元化路径。提升财务管理人员的专业素养和综合能力，是高校财务管理转型的内在要求。通过打造一支高素质的财务管理队伍，高校可以确保财务管理的专业性和有效性，为预算管理一体化的顺利实施提供人才支持。

在预算管理一体化背景下，高校财务管理转型需要从推进全流程预算管理、构建数据驱动的财务决策体系、加强财务风险防控机制以及提升财务管理人员的专业素养与综合能力四个方面入手。通过这些转型策略，高校可以实现财务管理的现代化和高效化，提升整体管理水平和资金使用效益，确保高校在日益激烈的教育竞争环境中保持财务稳健和可持续发展。预算管理一体化不仅是技术和制度的变革，更是管理理念和策略的全面升级，只有通过全方位的改革和优化，高校财务管理才能真正实现质的飞跃。

第三节 预算管理一体化下财政国库监管实践

一、深刻认识预算管理一体化下财政国库监管的重要意义

预算管理一体化是提升财政国库监管水平的重要手段，通过实现财政资金的透明化、规范化和高效化，可以确保财政资金的安全和有效使用。探讨了预算管理一体化下财政国库监管的重要意义。预算管理一体化通过统一的预算管理平台，实现财政资金使用的全过程监控和管理，确保每一笔资金的流向和使用情况透明可查，减少资金使用中的随意性和违规现象。通过信息化手段和大数据分析，可以对财政资金使用情况进行实时监控和分析，及时发现和纠正资金使用中的问题，提高资金使用的规范性和安全性。此外预算管理一体化能够通过数据共享和信息公开，增强财政资金使用的透明度和公信力，确保财政资金使用的公开、公正和公平。这不仅有助于提高财政管理的效率和效果，还能增强公众对财政管理的信任和支持。深刻认识预算管理一体化下财政国库监管的重要意义，通过提升财政资金使用的透明度和规范性，确保财政资金的安全和有效使用，为财政管理的现代化和科学化提供坚实保障。预算管理一体化不仅是财政管理的必然趋势，更是提升财政管理水平和公共财政透明度的重要手段。

二、国库监管工作取得的成效

随着预算管理一体化的推进，财政国库监管工作迎来了重大变革。国库监管是财政管理的重要组成部分，旨在确保财政资金的安全、高效和规范使用。通过一体化的预算管理体系，国库监管工作不仅在技术手段上得到了升级，还在管理流程、监督机制和资金使用效率方面取得了显著成效。以下深入探讨国库监管工

作在预算管理一体化背景下取得的四大成效,并分析这些成效对财政管理体系整体优化的意义。

(一) 资金流动的透明度显著提高

在传统的国库监管模式下,财政资金的流动信息往往不够透明,导致监管部门难以对资金的实际使用情况进行有效跟踪和监督。预算管理一体化通过信息化和数字化手段,实现了资金流动的全程可视化和透明化,大幅提升了监管工作的效率和准确性。预算管理一体化引入了先进的财政管理信息系统,能够对财政资金从预算编制、拨付到最终使用的全过程进行实时监控。这种透明度的提升使得每一笔资金的流向、用途和使用效果都清晰可见,监管部门可以在第一时间获取相关信息,及时发现和纠正资金使用中的问题。通过这些系统化、透明化的管理工具,国库监管部门能够有效预防资金挪用、滥用等违规行为的发生,从而保障了财政资金的安全性和使用效益。资金流动透明度的显著提高是预算管理一体化带来的直接成果,通过这一成效,国库监管工作得以更加精准高效地开展,显著提升了财政管理的公信力和透明度。

(二) 资金使用效率大幅提升

资金使用效率是衡量财政管理质量的重要指标。在传统模式下,资金从预算拨付到实际使用之间往往存在较长的时间延迟,导致资金沉淀和使用效率低下。预算管理一体化通过优化流程和加强资金监管,有效缩短了资金流转时间,提升了财政资金的使用效率。通过预算管理一体化,国库监管部门能够实时掌握资金使用进度和项目执行情况,及时调整资金拨付计划,确保资金能够在最短时间内用于实际项目。这种实时监控和动态调整机制不仅避免了资金的长期沉淀,还确保了资金能够根据实际需求进行灵活调配,大幅提升了资金的使用效率。此外借助一体化平台,财政部门能够对不同项目的资金使用情况进行横向比较,识别出资金使用效率高的项目,进一步优化资源配置,促进财政资金的高效利用。资金使用效率的大幅提升是预算管理一体化的重要成果,通过这一措施,财政资金的流转和使用变得更加高效,确保了资金能够及时发挥作用,推动了各项财政政策的有效落实。

(三) 资金安全性和规范性得到强化

在传统的财政管理体系中，资金的安全性和规范性管理常常面临挑战，特别是在资金流转环节容易出现管理漏洞和违规操作。预算管理一体化通过引入先进的风险防控机制和标准化操作流程，极大地提升了财政资金的安全性和管理的规范性。预算管理一体化的实施带来了更加严格的资金管理标准和更高的操作规范性。通过自动化系统和智能监控工具，财政部门可以实时检测资金流转过程中的任何异常活动，并及时采取措施进行风险防控。这种系统化的风险管理不仅减少了人为因素导致的操作失误，还有效防范了资金被挪用或滥用的风险。此外预算管理一体化还推动了标准化流程的建立，确保所有资金操作都有据可循，提升了资金管理的合规性和安全性。通过强化资金安全性和规范性，预算管理一体化使得国库监管工作更加稳健可靠，有效防范了资金管理中的各类风险，进一步提升了财政管理体系的安全水平。

(四) 财政监督机制的有效性增强

财政监督是确保公共资金规范使用的重要手段，但传统的监督机制往往因信息滞后和监管力度不足而难以发挥应有的效果。预算管理一体化为财政监督提供了强大的技术支持，使监督机制的有效性得到了显著增强。在预算管理一体化的框架下，财政监督部门能够通过信息系统实时获取资金流动和使用情况，增强了对资金使用全过程的监督能力。这种实时性监督不仅有助于及时发现问题，还为后续的审计工作提供了详细的数据支持。此外预算管理一体化还通过建立跨部门的信息共享平台，推动了各监管部门之间的协同合作，形成了更加立体化的监督网络。这种多层次、多维度的监督机制，有效提高了财政监督的覆盖面和深度，确保了公共资金的使用符合国家政策和法律法规。财政监督机制的有效性增强，是预算管理一体化下国库监管工作的重要成果。通过这一成果，财政监督部门能够更有效地履行职责，确保财政资金使用的透明度和规范性，推动公共财政管理的现代化进程。

国库监管工作在预算管理一体化的背景下取得了显著成效，主要体现在资金流动透明度的提高、资金使用效率的大幅提升、资金安全性和规范性的强化，以及财政监督机制的有效性增强。这些成效不仅提升了国库监管工作的质量和效率，还为公共财政管理的现代化提供了坚实基础。通过这些措施，财政管理变得更加透明、高效、安全，进一步推动了公共资金的合理配置和有效使用。预算管理一体化的深入实施，为财政国库监管工作开辟了新的路径，展现了公共财政管理的广阔前景。

三、现阶段财政国库监管工作存在的不足

尽管预算管理一体化在财政国库监管中取得了显著成效，但在实际操作中，仍然存在一些不可忽视的不足。这些不足既有技术层面的，也有管理体制和人员素质方面的限制，影响了国库监管工作的全面有效开展。认识并解决这些问题，对于进一步完善国库监管体系，提升财政管理的整体水平具有重要意义。以下深入分析现阶段财政国库监管工作中存在的主要不足，探讨其产生的原因及改进措施。

（一）技术系统不够完善，信息整合难度大

预算管理一体化依赖于先进的信息系统和技术平台，但目前，财政国库监管工作中所使用的技术系统仍然存在不完善之处。这些技术上的不足导致了信息整合的难度加大，影响了国库监管工作的效率和精准度。尽管财政管理信息系统的建设取得了一定的进展，但系统间的互通性和整合性仍然不足。许多地方的财政管理系统存在数据标准不统一、系统接口不兼容等问题，导致数据在不同系统之间传递时出现滞后、丢失或不一致的现象。这种技术上的短板使得国库监管部门难以全面、实时地获取资金流动的完整信息，影响了监管工作的及时性和有效性。此外技术系统的复杂性也对操作人员的技术素养提出了更高的要求，但由于技术培训的滞后，许多一线工作人员难以熟练操作新系统，进一步制约了国库监管的效率和效果。技术系统的不完善和信息整合的难度，导致了国库监管工作在信息获取和处理上的滞后，影响了财政监管的整体质量。解决这一问题，需要从技术系统的升级和操作人员的培训两方面入手，确保信息系统的稳定性和操作的便捷性。

(二) 管理体制僵化，难以适应现代化需求

财政国库监管工作需要依赖灵活高效的管理体制，但现阶段的管理体制仍然存在较多的僵化之处，难以适应预算管理一体化下现代化监管的需求。这种体制上的不灵活性，严重制约了国库监管工作的深化和创新。在现有的管理体制下，国库监管工作往往存在权责不清、决策链条过长等问题，导致执行效率低下。许多财政部门仍然沿用传统的管理模式，缺乏与现代信息技术相适应的管理机制。这种体制的僵化使得国库监管难以迅速响应经济环境的变化，也无法充分利用预算管理一体化所带来的技术优势。此外体制的层级过多，导致信息传递和决策执行的速度减缓，增加了管理成本和风险。这种管理体制的滞后性，已成为制约国库监管工作进一步发展的重要瓶颈。管理体制的僵化和不适应性是当前国库监管工作的一大问题。要解决这一问题，必须推进管理体制的改革，简化层级，明确权责，建立更加灵活高效的管理机制，以适应现代化财政管理的需求。

(三) 人员素质参差不齐，专业能力不足

在财政国库监管的实际操作中，人员素质的高低直接关系到工作的成效。然而现阶段财政国库监管工作中，人员素质参差不齐，专业能力不足的问题较为突出，严重影响了监管工作的质量和效果。预算管理一体化要求监管人员具备较高的专业能力和技术素养，能够熟练操作复杂的信息系统，准确分析和处理大量的财政数据。然而许多财政部门的工作人员仍然停留在传统的手工操作和经验管理模式下，对现代信息技术缺乏足够的了解和应用能力。这种能力上的不足，不仅使得工作人员在应对复杂的财务情况时力不从心，也导致了监管工作中出现误判、漏判的现象。此外部分财政监管人员对政策法规的理解不深，不能及时有效地将政策要求转化为具体操作，进一步影响了国库监管工作的执行效果。人员素质参差不齐和专业能力不足，已经成为财政国库监管工作中的一个突出问题。提升人员素质和专业能力，特别是加强对其信息技术和政策法规的培训，是解决这一问题的关键所在。

现阶段财政国库监管工作中，存在技术系统不完善、管理体制僵化以及人员素质参差不齐等主要不足。这些问题在一定程度上制约了预算管理一体化的深入

实施，影响了国库监管工作的整体质量和效果。为进一步提升财政国库监管的水平，必须从技术升级、体制改革和人员培训等方面入手，综合施策，确保监管工作能够适应现代化财政管理的要求，充分发挥预算管理一体化的优势，推动财政管理体系的不断完善和发展。

四、对财政国库监管工作的建议

财政国库监管工作是确保财政资金安全、规范、高效使用的重要环节。随着预算管理一体化的推进，国库监管工作面临着新的挑战和机遇。在新的管理背景下，如何进一步优化国库监管机制，提升监管效率和质量，成为当前财政管理工作中的关键课题。以下结合现阶段国库监管工作中的不足，提出四项针对性的建议，以期为财政管理部门提供有益的参考。

（一）优化信息系统，提升技术支撑能力

在预算管理一体化背景下，信息技术是支撑财政国库监管工作的关键因素。现有的技术系统尚存在不足之处，优化信息系统、提升技术支撑能力，是强化国库监管工作的首要任务。财政国库监管信息系统的优化应着眼于提高系统的整合性和可操作性，以确保各类数据的无缝连接和流畅传递。可以通过引入先进的数据库管理技术和信息集成平台，实现对财政数据的实时采集、处理和分析，减少信息滞后和数据错误的发生。同时应加强系统的安全性设计，防范网络攻击和数据泄露，保障财政信息的安全。此外还需要提升信息系统的用户友好性，使系统操作更加简便、直观，降低工作人员的使用难度，确保信息技术能够真正为国库监管工作服务。通过优化信息系统，财政国库监管部门可以大幅提升技术支撑能力，确保数据处理的高效、准确和安全，为国库监管工作的全面开展提供强有力的技术保障。

（二）推进管理体制改革，增强监管灵活性

当前，管理体制的僵化仍然是制约国库监管工作的重要因素。推进管理体制改革，增强监管工作的灵活性，是适应现代化财政管理要求的重要途径。财政管理体制改革应以简化层级、明确职责为主要目标，减少不必要的行政环节，缩短

决策链条，提高工作效率。在具体操作上，可以通过设立专门的国库监管委员会或工作组，负责监管工作的协调与执行，确保监管任务能够迅速响应、有效落实。此外，还应引入灵活的管理机制，根据实际需要调整监管策略和方法，增强监管工作的针对性和适应性。这种体制改革不仅有助于提升国库监管的效率，也能为应对突发事件和复杂财务情况提供更大的操作空间。推进管理体制改革，增强监管灵活性，是提升财政国库监管工作效率的重要措施，通过简化流程和明确责任，可以确保监管工作的及时性和有效性。

（三）加强人员培训，提高专业素质

国库监管工作的质量在很大程度上依赖于工作人员的专业素质。加强人员培训，提高专业技能和综合能力，是确保监管工作顺利进行的关键。在预算管理一体化的背景下，财政国库监管人员不仅需要掌握现代财务管理知识，还必须具备较强的信息技术应用能力。财政部门应定期组织专业培训，内容涵盖预算管理、财务分析、风险控制、法律法规等多个领域，帮助工作人员全面提升专业能力。此外可以鼓励工作人员参加外部培训和继续教育，拓宽视野，学习先进的管理理念和技术。同时应建立完善的激励机制，通过职业发展规划和绩效奖励，激发员工的学习热情和工作动力，确保培训效果能够转化为实际工作成果。通过加强人员培训，财政国库监管部门可以打造一支高素质、专业化的监管队伍，为国库监管工作的高效开展奠定坚实的人才基础。

（四）完善风险防控机制，强化监督力度

风险防控是国库监管工作中的核心任务，建立完善的风险防控机制，强化监督力度，是保障财政资金安全的必然要求。财政国库监管应在现有的风险防控体系基础上，进一步完善预警机制和应急处理流程。可以通过引入大数据分析和人工智能技术，对财政数据进行深度挖掘，识别潜在风险并及时预警。同时应加强对资金使用全过程的动态监控，确保每一笔资金都在规范的管理下流动和使用。为提高监督的有效性，可以设立独立的监督机构或第三方审计团队，对财政资金的管理和使用进行全面审查，防止内部控制失效和管理漏洞。此外国库监管部门还应与其他监管机构建立协作机制，形成多层次、全方位的风险防控网络，确保

财政资金管理的安全性和合规性。完善风险防控机制，强化监督力度，是提升财政国库监管工作质量的关键措施。通过建立健全的预警、监控和审查机制，可以有效防范财政风险，确保公共资金的安全和高效使用。

为进一步提升财政国库监管工作的质量和效率，提出了优化信息系统、推进管理体制改革、加强人员培训以及完善风险防控机制四项建议。通过优化信息系统，可以提升技术支撑能力，确保数据处理的高效和安全；推进管理体制改革则能够增强监管工作的灵活性和适应性；加强人员培训，有助于提高监管队伍的专业素质，确保监管工作的专业性和精准性；完善风险防控机制，则能够强化监督力度，保障财政资金的安全和规范使用。这些建议相互关联，构成了一个完整的提升国库监管工作的路径，为实现预算管理一体化下的高效财政管理提供了切实可行的方向。

第四节　事业单位预算管理一体化平台实践

一、事业单位预算管理一体化平台建设与运行现状

事业单位预算管理一体化平台建设是现代预算管理的重要举措，通过信息化手段实现预算管理的科学化、精细化和透明化。目前，事业单位预算管理一体化平台建设和运行取得了一定成效，但也面临诸多挑战和问题。从建设角度来看，许多事业单位已经初步建立了预算管理一体化平台，利用信息技术手段，将预算编制、执行、监控和绩效评价等环节纳入统一平台管理。这些平台一般集成了预算编制系统、财务管理系统、项目管理系统和绩效评价系统，实现了各环节数据的无缝衔接和共享，提高了预算管理的效率和准确性。平台运行过程中，信息化手段的应用显著提升了预算管理的透明度和规范性。通过预算管理一体化平台，事业单位可以实现预算信息的实时共享和公开，确保各部门和项目的资金使用情况透明可查，减少了资金使用中的随意性和违规现象。信息系统的实时监控和预警功能，能够及时发现和纠正预算执行中的问题，防范财务风险，提高资金使用的安全性和有效性。

然而尽管取得了上述成效，事业单位预算管理一体化平台建设和运行仍面临一些亟待解决的问题。一方面平台的功能和性能有待进一步提升。目前，不少事业单位的预算管理平台在功能设计上还不够完善，存在系统功能单一、操作复杂、用户体验差等问题，影响了平台的使用效果和推广应用。此外平台的性能和稳定性也存在不足，系统故障和数据丢失的风险依然存在，需要进一步加强技术保障和维护力度。另一方面预算管理一体化平台的覆盖范围和应用深度需要进一步扩大和深化。当前，部分事业单位的平台建设还停留在试点阶段，未能实现全面覆盖和广泛应用。尤其是在基层单位和边远地区，信息化基础设施建设相对滞后，预算管理平台的推广和应用面临较大困难。此外预算管理一体化平台在实际应用中的深度和广度也有待提高，许多单位在平台建设和应用中，更多的是停留在数据录入和信息共享层面，未能充分发挥平台在预算编制、执行、监控和绩效评价等方面的综合管理功能。

此外预算管理一体化平台的建设和运行还面临人才和管理体制等方面的制约。信息化平台的建设和维护需要大量专业技术人才，但目前不少事业单位的信息化人才储备不足，难以满足平台建设和运行的需要。同时现有的管理体制和机制尚未完全适应信息化管理的要求，部门间的协同和配合存在障碍，信息化管理的流程和制度有待进一步完善和优化。

二、基于事业单位预算管理一体化平台现状优化思路

随着信息化和数字化技术的不断发展，事业单位逐步引入预算管理一体化平台，以提高资金管理的效率和透明度。然而尽管这些平台在一定程度上优化了预算管理流程，但仍存在一些需要改进的地方。当前的预算管理一体化平台在功能完善、用户体验和数据整合等方面面临挑战，影响了其在实际操作中的效果。为进一步提升平台的应用效果和管理水平，有必要对现状进行分析，并提出相应的优化思路。以下探讨基于事业单位预算管理一体化平台现状及其三大优化思路，以期为事业单位预算管理的持续改进提供指导。

（一）提升平台功能的全面性与实用性

事业单位预算管理一体化平台的核心在于为预算管理过程提供全面的功能支

持。然而目前许多平台在功能设计上仍存在局限性，难以满足事业单位复杂多样的管理需求。因此提升平台功能的全面性与实用性，是优化预算管理一体化平台的首要任务。当前的预算管理一体化平台通常包括预算编制、执行监控和绩效评估等基本功能，但在面对事业单位复杂的预算管理需求时，这些功能往往显得不足。例如某些平台的预算编制模块未能充分考虑到事业单位中不同部门和项目的特殊需求，导致预算编制过程缺乏灵活性和针对性。此外一些平台在执行监控功能上缺乏实时性和智能化，无法及时响应预算执行中的问题，影响了资金使用的效率和安全性。为此平台功能的提升应着重于增强系统的灵活性、实时性和智能化水平，确保平台能够支持事业单位的全面预算管理需求。通过提升平台功能的全面性与实用性，事业单位预算管理一体化平台可以更好地适应复杂的管理环境，为各项预算活动提供强有力的支持，从而提高资金管理的效率和效果。

（二）优化用户体验，提升操作便捷性

事业单位预算管理一体化平台的有效使用，不仅依赖于平台本身的功能完善性，还取决于用户的操作体验。当前，部分平台在用户界面的设计和操作流程的便捷性上仍有不足，影响了用户的使用效率。因此优化用户体验，提升操作便捷性，是平台优化的重要方向。平台用户体验的优化应着重于用户界面的设计，确保界面简洁直观，操作流程清晰易懂，避免因复杂的操作步骤而导致用户困惑或误操作。此外平台的操作便捷性还体现在对用户个性化需求的响应能力上。平台应提供灵活的自定义功能，使用户可以根据自身需求调整界面布局和操作流程，以提高工作效率。同时平台的操作便捷性还要求对不同用户角色的支持，例如财务人员、项目经理和部门主管等不同角色在使用平台时，能够方便快捷地访问所需的功能模块和数据，避免不必要的操作环节。通过优化用户体验和提升操作便捷性，事业单位预算管理一体化平台可以降低用户使用门槛，提高使用效率，使平台在日常管理中发挥更大的作用。

（三）加强数据整合与信息共享

数据整合与信息共享是预算管理一体化平台发挥效能的关键所在。然而现有平台在这方面的能力尚待提升，尤其是在跨部门、跨系统的数据整合与信息共享

方面，仍存在较多障碍。因此加强数据整合与信息共享能力，是平台优化的重要方向。现有的事业单位预算管理一体化平台，通常面临着数据分散、系统割裂的问题，这导致了数据流通不畅和信息共享不足。一些平台难以与其他管理系统（如人事、资产、项目管理系统等）实现无缝对接，导致数据在各系统之间无法高效传递，增加了数据的重复录入和管理负担。此外跨部门的信息共享不足，影响了预算管理的协同效应，难以实现全局视角下的预算编制和执行监控。因此平台优化应着重于构建强大的数据整合机制，通过技术手段实现跨系统、跨部门的数据共享和协同工作。同时平台还应具备强大的数据分析能力，以支持各级管理者做出科学的预算决策。通过加强数据整合与信息共享，事业单位预算管理一体化平台可以打破信息孤岛，提升数据利用效率，实现更加协调和全面的预算管理，最终提高事业单位的整体管理水平。

基于现状的优化思路，事业单位预算管理一体化平台应着重提升平台功能的全面性与实用性、优化用户体验以提升操作便捷性、以及加强数据整合与信息共享能力。这些优化思路相互关联，共同推动平台的整体性能提升，确保平台在事业单位预算管理中发挥最大效能。通过系统性优化，预算管理一体化平台将不仅能够满足当前的管理需求，还将具备应对未来复杂管理环境的能力，为事业单位的可持续发展提供坚实的技术支持。

三、事业单位预算管理一体化平台实践落实方法

事业单位预算管理一体化平台的成功实施，依赖于科学合理的方法及实践中认真落实。仅有良好的平台设计和优化思路是不够的，如何将这些思路转化为具体的操作步骤，确保平台在实际管理中发挥作用，是事业单位面临的关键问题。有效的落实方法不仅能确保平台功能的全面应用，还能保证操作过程的顺畅与高效，使预算管理一体化平台真正成为提升管理水平的重要工具。以下探讨事业单位预算管理一体化平台的三大实践落实方法，帮助事业单位将理论设计有效转化为实践成果。

（一）系统化推进项目管理

在事业单位实施预算管理一体化平台的过程中，系统化推进项目管理是确保

平台有效落地的首要任务。通过系统化的项目管理，可以确保平台建设的每一个环节都在计划内有序推进，减少因协调不力导致的资源浪费和工作延误。系统化推进项目管理要求在平台实施初期，制定详尽的项目计划，明确每个阶段的任务和目标。通过项目管理工具，将预算管理一体化平台的建设过程分解为多个可控的工作包，并设定清晰的时间节点和责任分配。这种方法能够有效协调不同部门和团队之间的合作，确保各项任务按时高质量完成。同时系统化的项目管理还应包括风险管理机制，通过定期的项目审查和进度报告，及时识别和解决潜在问题，避免项目偏离预定轨道。项目管理的系统化推进还需要借助现代化的信息管理工具，实时监控项目进展，调整资源配置，确保项目按计划实施。通过系统化推进项目管理，事业单位可以确保预算管理一体化平台的建设和实施过程顺利进行，减少不确定性因素的干扰，确保平台能够按时、按质、按量投入使用。

（二）分阶段部署与逐步推广

在预算管理一体化平台的实际落实过程中，分阶段部署与逐步推广是确保平台平稳过渡的重要策略。通过分阶段的部署，事业单位能够在控制风险的前提下，逐步推广平台的应用，确保新系统与现有工作流程的顺利融合。分阶段部署预算管理一体化平台，意味着将整个平台的实施过程划分为若干阶段，从基础功能到高级应用逐步上线。这样的部署方式能够使单位在每个阶段集中资源解决具体问题，避免一次性全面推行带来的风险。分阶段实施还允许在早期阶段对系统功能进行测试和优化，根据实际反馈及时调整后续部署计划。逐步推广策略则强调从核心部门和关键业务入手，率先应用平台进行管理，再逐步扩展至整个单位。通过这一方法，单位能够在推广过程中积累经验，并在全面推广前充分评估平台的实际效能和用户适应情况，确保最终的全面实施顺利有效。分阶段部署与逐步推广策略使得预算管理一体化平台的应用过程更加稳健，确保各部门逐步适应新系统，并在推广过程中不断优化，最终实现全单位的有效应用。

（三）强化人员培训与技术支持

在预算管理一体化平台的落实过程中，人员培训与技术支持是保障平台长久有效运行的关键。只有通过系统的培训和持续的技术支持，才能确保工作人员熟练掌握平台操作，并能够应对实施过程中出现的各种技术问题。强化人员培训的核心在于帮助事业单位的员工全面理解并掌握预算管理一体化平台的功能和操作流程。培训计划应涵盖平台的各个模块，从基础操作到高级功能，确保不同角色的员工都能熟练使用平台。培训可以采取多种形式，包括集中培训、在线课程、操作手册以及现场指导等，以满足不同员工的学习需求。此外技术支持是确保平台顺利运行的另一个重要方面。技术支持团队应随时待命，为用户在使用过程中遇到的技术问题提供及时帮助。同时单位应建立完善的技术支持机制，确保在平台上线后的运行维护阶段，用户能够随时获得专业的技术服务，避免因技术问题导致平台运行中断或效率降低。通过强化人员培训与技术支持，事业单位能够确保预算管理一体化平台的顺利实施和长期有效运行，使所有用户都能够充分发挥平台的功能，提高管理效率和资金使用效益。

事业单位预算管理一体化平台的实践落实，需要从系统化推进项目管理、分阶段部署与逐步推广、强化人员培训与技术支持三个方面入手。系统化推进项目管理确保平台建设有序推进，分阶段部署与逐步推广策略保障了平台的平稳实施与推广，而强化人员培训与技术支持则是平台成功应用的保障。通过这些落实方法，事业单位能够有效将预算管理一体化平台应用到日常管理中，提升财务管理水平，优化资源配置，为事业单位的发展提供坚实的管理基础。

参考文献

[1] 龙敏，黄叙. 财务管理 [M]. 成都：四川大学出版社，2022.

[2] 邹娅玲，肖梅崚. 财务管理 [M]. 重庆：重庆大学出版社，2021.

[3] 陈宣君. 财务管理 [M]. 成都：西南交通大学出版社，2019.

[4] 李誉荣. 预算管理中的内部财务控制的研究 [J]. 质量与市场，2022，(23)：43-45.

[5] 呼瑞雪. 预算管理一体化背景下高校财务管理转型 [J]. 财会学习，2023，(33)：4-6.

[6] 崔怡娟. 预算管理一体化对会计核算的影响 [J]. 中国市场，2023，(30)：97-100.

[7] 赖晓文. 预算管理一体化对财政资金管理的影响分析 [J]. 经济师，2023，(10)：74-75.

[8] 彭志刚. 预算管理一体化对国库集中支付的影响 [J]. 质量与市场，2023，(13)：103-105.

[9] 刘宸妤. 预算管理一体化的内容成效、难点与系统优化研究 [J]. 财经界，2023，(27)：60-62.

[10] 张敏翔，周志强. 数字财政背景下预算管理一体化改革路径 [J]. 财会通讯，2023，(24)：161-165.

[11] 蒋孝慈，汤菲. 科研事业单位预算管理一体化推进实施研究 [J]. 商业会计，2023，(22)：106-109.

[12] 龚艳林. 预算管理一体化下高校的财务流程管理 [J]. 商业会计，2023，(19)：110-112.

[13] 刘蓓. 政府预算收支平衡的原则 [J]. 合作经济与科技，2008，(22)：109-110.

[14] 柴双杰. 预算管理一体化背景下的财务管理新路径 [J]. 首席财务官, 2023, 19 (20): 66-68.

[15] 张恩权. 信息视角下的我国预算管理一体化改革研究 [D]. 北京: 中国财政科学研究院, 2022: 29-49.

[16] 刘彦辰. 预算管理一体化下预算执行的实践与思考 [J]. 中国市场, 2024 (17): 143-146.

[17] 张明. 加强合规性绩效性财政监督提高政府预算执行效率 [J]. 财政监督, 2014, (22): 11.

[18] 贾文强. 基于内部审计视角的单位业务流程内部控制研究 [J]. 单位改革与理论, 2021, (12): 146-147.

[19] 高菲菲. 业财融合背景下高校财务管理转型升级策略探究 [J]. 财会学习, 2023, (21): 19-21.

[20] 孙初敏. 预算管理一体化建设的价值遵循与完善路径探究 [J]. 会计师, 2021, (5): 11-12.

[21] 李颜书. 预算管理一体化对政府会计业务工作的影响 [J]. 投资与创业, 2022, (16): 112-114.

[22] 邓彩红. 财务预算管理对单位内部控制建设的作用研究 [J]. 财经界, 2020, (6): 152-153.

[23] 李红莉, 董晓迪. 关于预算管理一体化下预算单位会计核算疑难问题的探讨 [J]. 山西财税, 2022, (5): 3.

[24] 曾广丽. 财政预算管理一体化审核的重要性及优化策略 [J]. 财富生活, 2022, (18): 196-198.

[25] 陶爱国. 试述预算管理一体化在行政事业单位中的应用 [J]. 商讯, 2022, (19): 160-163.

[26] 朱忠莲. 预算管理一体化下的行政事业单位资金管理研究 [J]. 大众投资指南, 2023, (6): 110-112.

[27] 王璐, 李丽娟. 预算管理一体化对国库集中支付的影响 [J]. 中国农业会计, 2022, (4): 71-72.

[28] 赵全厚. 地方政府债务风险防范中的财政金融协调 [J]. 财会月刊, 2018,

(24)：3-8.

[29] 王志刚. 财政数字化转型与政府公共服务能力建设［J］. 财政研究，2020，(10)：19-30.

[30] 农盛霖. H市行政事业单位预算管理一体化平台研究［J］. 中国乡镇单位会计，2022，(11)：34-36.

[31] 张燕，郭凡. 手把手教你编制单位财务预算［M］. 北京：单位管理出版社，2018.

[32] 彭丽鹤，徐若鸿. 如何编制单位财务预算［M］. 北京：中国经济出版社，2010.

[33] 林秀香. 预算管理［M］. 大连：东北财经大学出版社，2013.

[34] 韩凤英. 基于财务共享的高校财务流程管理研究［J］. 新会计，2020，(11)：197-198.

[35] 刘剑文，侯卓. 论预算公开的制度性突破与实践路径［J］. 税务研究，2014，(11)：3-8.

[36] 赵欣宇，王玮. 单位财务与预算管理［M］. 汕头：汕头大学出版社，2019.

[37] 王璇. 预算管理一体化建设的问题及改进对策［J］. 财富生活，2022，(20)：55-57.

[38] 伍光明. 内部预算管理一体化对事业单位会计核算的影响探究［J］. 财会通讯，2022，(15)：104-107.

[39] 朱元午，马德林，强韶华. 财务控制［M］. 上海：复旦大学出版社，2007.

[40] 马海涛，肖鹏. 借力预算管理一体化提升财政管理水平［J］. 行政管理改革，2022，(8)：30-37.

[41] 王光艳，张湘怡. 基于预算一体化的高校预算管理系统建设路径［J］. 预算管理与会计，2021，(5)：134-136.